buch + digital

Zusätzlich zu diesem Buch erhalten Sie:

- die Web-App
- die PDF-Version zum Download
- die App für Ihr iPad
- alle Kapitel für Ihren Kindle

Hier Ihr individueller Freischaltcode:

CLC-gdZ-2r7

Um die digitalen Medien zu installieren, rufen Sie im Browser bitte folgende Seite auf:
www.symposion.de/freischaltcode

symposion

IT-Servicequalität messbar machen
Das *it*SMF-Bewertungsmodell für IT-Dienstleistungen

Herausgegeben vom
*it*SMF Deutschland e.V.

Autoren
Helge Dohle, Christian Lasch, Ingo Wiedermann, Patrick Wild

symposion

Impressum
IT-Servicequalität messbar machen
Das *it*SMF-Bewertungsmodell
für IT-Dienstleistungen

Herausgeber
*it*SMF Deutschland e.V.

Autoren
HELGE DOHLE, CHRISTIAN LASCH,
INGO WIEDERMANN, PATRICK WILD

Lektorat
STEFAN THISSEN,
Symposion Publishing

Satz
KAREN FLEMING,
MARTINA THORENZ
Symposion Publishing

Druck
CPI buch bücher.de
Frensdorf

Umschlaggestaltung
Symposion Publishing

Photo
© iStockphoto.com

ISBN 978-3-86329-454-0
1. Auflage 2013
© Symposion Publishing GmbH,
Düsseldorf
Printed in Germany

Redaktionelle Post bitte an
Symposion Publishing GmbH
Münsterstr. 304
40470 Düsseldorf

Bibliografische Information der Deutschen Bibliothek:
Die Deutsche Bibliothek verzeichnet diese Publikation in der Deutschen Nationalbibliografie; detaillierte bibliografische Daten sind im Internet über http://www.ddb.de abrufbar.

Das Werk einschließlich seiner Teile ist urheberrechtlich geschützt. Jede Verwertung außerhalb der engen Grenzen des Urheberrechtsgesetzes ist ohne Zustimmung des Verlags unzulässig und strafbar. Das gilt insbesondere für Vervielfältigungen, Übersetzungen, Mikroverfilmungen und die Einspeicherung und Verarbeitung in elektronischen Systemen.

Alle in diesem Buch enthaltenen Angaben, Ergebnisse usw. wurden von den Autoren nach bestem Wissen erstellt. Sie erfolgen ohne jegliche Verpflichtung oder Garantie des Verlages. Er übernimmt deshalb keinerlei Verantwortung und Haftung für etwa vorhandene inhaltliche Unrichtigkeiten.

Die Wiedergabe von Gebrauchsnamen, Handelsnamen, Warenbezeichnungen usw. in diesem Werk berechtigt auch ohne besondere Kennzeichnung nicht zu der Annahme, dass solche Namen im Sinne der Warenzeichen- und Markenschutz-Gesetzgebung als frei zu betrachten wären und daher von jedermann benutzt werden dürften.

IT-Servicequalität messbar machen
Das *it*SMF-Bewertungsmodell für IT-Dienstleistungen

Als Nutzer von IT-Services stehen Unternehmen immer häufiger vor der Frage: Welche Qualität von IT-Dienstleistungen liefert die eigene IT-Abteilung und welche Qualität ließe sich bei einem externen Service-Provider einkaufen?

Das Problem: Bislang fehlt eine geeignete Methode, die Qualität von IT-Services aus der Perspektive des Kunden (Serviceabnehmers) zu messen.

Als Antwort auf diese Lücke legt der Fachverband *it*SMF Deutschland e.V. nun erstmals ein Bewertungsmodell für IT-Servicequalität vor, das sich auf die Sicht des Kunden von IT-Dienstleistungen fokussiert. Ziel ist es, IT-Services durch kundenorientierte Bewertungskriterien objektiv vergleichen zu können, sei es für die Bewertung von Angeboten oder die Durchführung interner Self-Assessments. Kern ist dabei ein praktischer Kriterienkatalog zu folgenden Bereichen:

⇨ Thematische und formale Anforderungen an Angebote
⇨ Vertrag/Vereinbarung
⇨ Qualifikation der Mitarbeiter
⇨ Nachhaltigkeit/Sicherheit
⇨ Leistungserbringung
⇨ Kommunikation zwischen Servicegeber und Servicenehmer
⇨ Notfallmanagement

Dieses Buch erläutert, warum ein solches Bewertungsmodell dringend geboten ist und wo es sich anwenden lässt. Zusätzlich steht für den Leser ein nützliches Excel-Tool zum Download bereit, mit dessen Hilfe die Auswertung des Kriterienkatalogs im Rahmen einer Bewertung vorgenommen werden kann.

Damit erhalten sowohl Kunden als auch Service-Provider einen praktischen Wegweiser für eine transparente und nachvollziehbare Bewertung von IT-Servicequalität.

Über Symposion Publishing
Symposion ist ein Fachverlag für Management-Wissen und veröffentlicht Bücher, Studien, digitale Fachbibliotheken und Onlinedienste.

Das Programm steht auch zum Download zur Verfügung – über das Verlagsportal kann der Leser nach Kapiteln suchen und diese individuell zusammenstellen. Wissen ist damit blitzschnell verfügbar – jederzeit, praktisch überall und zu einem attraktiven Preis.

www.symposion.de

Hinweis:

Als Ergänzung zu dem im Buch vorgestellten Kriterienkatalog steht für den Leser ein nützliches Excel-Bewertungstool zum Download bereit. Mit seiner Hilfe kann die Auswertung des Kriterienkatalogs im Rahmen einer Bewertung vorgenommen werden. Dieses Tool bildet die Struktur und die Kriterien ab und übernimmt sowohl die Berechnung der Zielerreichung pro Kategorie als auch die Abschlussbewertung aller Kategorien unter Berücksichtigung der Gewichtung der Fragen.

Zugang zum Excel-Tool sowie zur elektronischen Version des Buches erhalten Sie über die Seite www.symposion.de/freischaltcode. Ihren persönlichen Freischaltcode finden Sie auf der ersten Seite dieses Buches.

IT-Servicequalität messbar machen
Das *it*SMF-Bewertungsmodell für IT-Dienstleistungen

HELGE DOHLE, CHRISTIAN LASCH, INGO WIEDERMANN, PATRICK WILD
Ausgangssituation und Einführung **9**
   Einleitung 9
   Warum gibt es das *it*SMF-Bewertungsmodell für IT-Servicequalität? 12
   Was kennzeichnet das Bewertungsmodell? 24

HELGE DOHLE, CHRISTIAN LASCH, INGO WIEDERMANN, PATRICK WILD
Die Entstehung des Kriterienkatalogs **31**
   Überblick über das methodische Vorgehen 31
   Vorbereitungsphase: Entwicklung des theoretischen Modells 33
   Phase I: Angebotserbringung 47
   Phase II: Leistungserbringung 51
   Phase III: Bewertungsverfahren 51
   Literatur 54

HELGE DOHLE, CHRISTIAN LASCH, INGO WIEDERMANN, PATRICK WILD
Der Kriterienkatalog **55**
   1 Thematische und formale Anforderungen an Angebote 56
   2 Vertrag/Vereinbarung 78
   3 Mitarbeiter 86
   4 Nachhaltigkeit/Sicherheit 98
   5 Leistungserbringung 117
   6 Kommunikation zwischen Servicegeber und Servicenehmer 143
   7 Notfallmanagement 163

HELGE DOHLE, CHRISTIAN LASCH, INGO WIEDERMANN, PATRICK WILD
Anwendungsfelder und Ausblick **177**
   Vielseitige Einsatzmöglichkeiten 177
   Ausblick 181
   Schlussbemerkung 183

Abbildungs- und Tabellenverzeichnis **185**

Glossar **187**

Mitglieder des Arbeitskreises **191**

Inhaltsverzeichnis

Anhang **193**
  Verzeichnis der Kriterien: numerisch sortiert 193
  Verzeichnis der Kriterien: nach Stichworten sortiert 202

Herausgeber und Autoren

Herausgeber

*it*SMF DEUTSCHLAND E.V.
Das Information Technology Service Management Forum (*it*SMF e.V.) ist die weltweit einzige unabhängige und international anerkannte Organisation für IT Service Management. Der *it*SMF Deutschland e.V. (über 600 Mitglieder) bietet eine Plattform zum Wissens- und Erfahrungsaustausch und verfolgt das Ziel, die Verbesserung und Weiterentwicklung des IT Service Managements (ITSM) zu fördern.

Autoren

HELGE DOHLE
Senior Managing Consultant bei Capgemini Deutschland, Sales & Business Development, Schwerpunkte Outtasking/Outsourcing (Application Lifecycle Services, z. B. Design Client Solutions); langjährige Erfahrungen in IT-Strategie, IT-Steuerung, IT-Service-Management.

CHRISTIAN LASCH
ist Jurist und Manager mit Prokura bei der PricewaterhouseCoopers AG in Berlin im Bereich Governance, Risk Management & Compliance. Er war langjähriger Leiter des Arbeitskreises Gütesiegel des *it*SMF und hat hierbei seine sowohl juristische wie auch IT-Expertise eingebracht, die er im Rahmen von IT-Prüfungen aufgebaut hat. Sein derzeitiger Tätigkeitsschwerpunkt ist die Integration von Risk- & Compliance-Initiativen in die Unternehmenssteuerung.

INGO WIEDERMANN
ist Datacenter Architect in der Advanced Solution Organisation bei Dell Deutschland. Zuvor war er bei Sun Microsystems/Oracle im Bereich Professional & Advanced Customer Service für Datacenter Optimization tätig. In diesem Bereich verantwortete er als Architekt und zertifizierter Projekt- und Service Manager die Datacenter-Optimization-Projekte. Ingo Wiedermann ist Leiter des regionalen Forums Rhein/Main des *it*SMF und stellvertretender Leiter des *it*SMF-Arbeitskreises Unternehmens-Zertifizierung.

PATRICK WILD
ist Unternehmensberater bei PwC und seit 2008 im Bereich Governance, Risk und Compliance am Standort Stuttgart tätig. Er greift auf umfangreiche nationale und internationale Projekterfahrung zurück. Schwerpunkte seiner Tätigkeit sind integrierte und nachhaltige Kontrollsysteme, IT Compliance und IT Governance sowie die Neueinführung und Optimierung von Strukturen durch Prozess- und Systemberatung. Er hat am Karlsruher Institut für Technologie (KIT) sowie am Royal Institute of Technology (KTH) in Stockholm studiert und einen Diplomabschluss in »Informationswirtschaft«. Des Weiteren hat er verschiedene Publikationen zum Thema Servicemanagement veröffentlicht. Patrick Wild ist Leiter des *it*SMF-Arbeitskreises »Service Strategie«.

Ausgangssituation und Einführung

Sowohl Standards wie ISO 20000 als auch Referenzmodelle wie ITIL betrachten meist die Gestaltung von Prozessen aus Sicht des Servicegebers. Doch wie nimmt der Servicenehmer das Ergebnis des Dienstleistungsprozesses wahr? Um das zu messen, wurde ein Bewertungsmodell für IT-Servicequalität entwickelt.

> In diesem Beitrag erfahren Sie:
> - warum ein Bewertungsmodell für IT-Servicequalität sinnvoll und notwendig ist,
> - wie sich Standards und Referenzmodelle von dem Bewertungsmodell unterscheiden,
> - was die wesentlichen Merkmale des Bewertungsmodells sind.

HELGE DOHLE, CHRISTIAN LASCH, INGO WIEDERMANN, PATRICK WILD

Einleitung

Zur Unterstützung der wirtschaftlichen Wertschöpfung ist es die vorrangige Aufgabe des IT-Managements, für eine IT-Umgebung zu sorgen, die ihrem Unternehmen den notwendigen Wettbewerbsvorsprung sichert oder erst verschafft. Die heutige Geschäftsabwicklung in wettbewerbsintensiven Märkten erfordert hierzu, dass sich IT-Services konsequent an den Geschäftsanforderungen eines Unternehmens ausrichten. Dies bedeutet die Gestaltung durchgängig IT-gestützter Prozessketten, die wiederum zu komplexeren Kunden-Lieferantenbeziehungen bzw. zu Lieferantenketten auf verschiedenen Ebenen führen (vgl. Abb. 1).

Ausgangssituation und Einführung

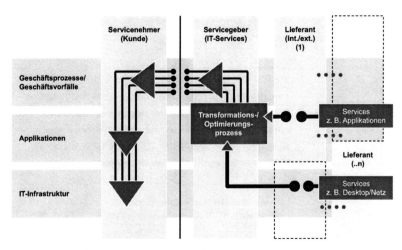

Abb. 1: *Ausrichtung von IT-Services am Markt*

Bei heutigen Neuausrichtungen oder Weiterentwicklungen von IT-Organisationen findet die Standardisierung solcher Prozesslandschaften über ein einheitliches IT-Service-Management die größte Aufmerksamkeit. Sowohl die IT Infrastructure Library (ITIL®) als auch die Norm ISO/IEC 20000-1:2011 (im Folgenden ISO 20000) konzentrieren sich dabei im Wesentlichen auf die Prozessdimension, in der die Ablauforganisation der Dienstleistungsprozesse für den Kunden eines Servicegebers im Vordergrund steht. Entscheidend ist aber auch das Ergebnis des Dienstleistungsprozesses – oder wie der Kunde es subjektiv erlebt hat. Denn ob in einem derart kritischen und komplexen Umfeld der Servicegeber tatsächlich in der Lage ist, die versprochene Leistung in der vereinbarten Qualität zu erbringen, zeigt sich häufig erst bei der Abnahme (für die aus Kundensicht relevanten fachlichen Leistungskriterien sowie die generelle Zufriedenheit der wahrgenommenen Dienstleistungsqualität).

Bei einer diesbezüglichen Bewertung ist es sinnvoll, zwischen der Produktqualität (d. h. den fachlichen »Kernleistungen« des Anbieters) und der Servicequalität (also der Art und Weise der Dienstleistungserbringung) zu unterscheiden. Angesichts sich immer stärker annähernder IT-Dienstleistungsprodukte im Outsourcing haben Servicegeber über die Servicequalität die besten Möglichkeiten, die Zufriedenheit der Kunden zu beeinflussen. Servicequalität im engeren Sinne umfasst dabei die Kommunikation mit dem Kunden sowie das Engagement für ihn als entscheidende Einflussgrößen für seine Qualitätswahrnehmung.

Der Fachverband *it*SMF Deutschland e.V. hat sich mit dieser Thematik auseinandergesetzt und ein Bewertungsmodell für IT-Servicequalität entwickelt, das sich primär auf die Sicht der Kunden bzw. der Abnehmer von IT-Dienstleistungen fokussiert. Im Vordergrund stand hierbei eine Objektivierung des Leistungsvergleichs bei IT-Dienstleistungen durch kundenorientierte Bewertungskriterien. Dadurch kann nun auch aus Endkundensicht der Transparenz und Nachvollziehbarkeit des Entscheidungsprozesses bei der Vergabe bzw. Beschaffung von IT-Dienstleistungen in besonderer Weise Rechnung getragen werden.

Die Gründe für die Entwicklung eines solchen Bewertungsmodells sowie der Nutzen werden im nachfolgenden Abschnitt beschrieben. Ein weiterer Schwerpunkt liegt dabei in der Abgrenzung bzw. Einordnung des Bewertungsmodells für IT-Servicequalität zu bereits bestehenden Referenzmodellen und Zertifizierungen.

Im nächsten Kapitel wird sodann die Entstehung des Kriterienkatalogs als Kernelement des Bewertungsmodells näher beschrieben. Auf Grundlage von Qualitätsmerkmalen wurden in zwei Phasen – der Angebots- und der Leistungserbringungsphase – Kriterien entwickelt und operationalisiert sowie abschließend in einer dritten Phase in einen gemeinsamen Kriterienkatalog überführt.

Das dritte Kapitel beinhaltet den zusammenfassenden Kriterienkatalog als zentrales Ergebnis der Arbeiten aus den vorherigen Betrachtungen und bildet die Grundlage für diverse Anwendungsfälle. Anschließend werden Anwendungsfelder des Kriterienkatalogs wie beispielsweise zum Self Assessment oder zur Lieferantenbewertung vorgestellt. Abschließend wird ein kurzer Ausblick auf weitere Betrachtungsfelder des Bewertungsmodells wie etwa die Nutzbarkeit für weitere Dienstleistungsbereiche gegeben.

Ausgangssituation und Einführung

Warum gibt es das *it*SMF-Bewertungsmodell für IT-Servicequalität?

Zentraler Anstoß für die Entwicklung eines *it*SMF-Bewertungsmodells war die Fragestellung aus der Gruppe der Nutzer von IT-Services: »Welche Qualität von IT-Services wird mir meine (interne) IT-Abteilung liefern und welche Qualität könnte ich mir bei einem externen Service-Provider einkaufen?«

Nachdem sowohl den Anwendern sprich Nutzern als auch den Einkäufern von IT-Services – im Folgenden einheitlich als Servicenehmer bezeichnet – der Verweis auf angebotene oder tatsächlich eingehaltene Service Level Agreements (SLAs) nicht ausreichte, begann die systematische Suche nach weiterführenden Antworten. Die Beschäftigung mit dem Thema Qualität, der Wahrnehmung von Qualität und einem Messinstrument zur Qualitätsbewertung bei der Erbringung von IT-Services führten zur Entwicklung des nutzerorientierten Bewertungsmodells für IT-Servicequalität. Nachfolgend wird dieser Hintergrund weitergehend beleuchtet und im Detail dargestellt.

Die Servicenehmer sollen zukünftig durch die Anwendung des vorliegenden Kriterienkatalogs auf Unternehmen mehr Auswahlsicherheit erhalten, indem sie mittels neutraler Beurteilungskriterien eine Qualitätsprüfung der angebotenen IT-Services vornehmen können. Davon können nicht nur die Anwenderorganisationen profitieren, die IT-Services von Service-Providern in Anspruch nehmen wollen, sondern auch die Service-Provider selbst. Zwar ist die Auswahlsicherheit das primäre Interesse des Empfängers des IT-Service, jedoch verschafft sich der Service-Provider einen Wettbewerbsvorteil, wenn er auf diese Weise die grundsätzliche Fähigkeit zur Lieferung von IT-Services nach entsprechenden Qualitätskriterien nachgewiesen hat. Qualitativ hochwertigen Anbietern ermöglicht das Bewertungsmodell darüber hinaus auch einen Vergleich mit solchen Unternehmen, die sich lediglich hinter ihrem Markenimage verstecken.

Das Feld der verfügbaren Standards wird durch ein Bewertungsmodell für IT-Servicequalität aus der Perspektive von Servicenehmern dementsprechend erweitert. Weder Ansätze nach ISO 20000 oder ISO

9000 noch andere bisher zu beobachtende Referenzmodelle oder Standards (siehe Tabelle 1) stellen aus unserer Sicht den Mehrwert für diejenigen in den Vordergrund, die den IT-Service in Anspruch nehmen.

Die Bewertung und Messung der Dienstleistungsqualität unterscheidet sich aufgrund der charakteristischen Eigenschaften von Dienstleistungen wesentlich von der Qualitätsmessung materieller Güter. Der Servicenehmer hat nicht die Möglichkeit, die Dienstleistungen vor der Leistungserbringung »auszuprobieren«, da »Produktion« und Konsum der Dienstleistungen zeitlich zusammenfallen. Des Weiteren sind Dienstleistungen nicht »greifbar«, d. h., es können in Bezug auf die Qualität keine objektiven Kriterien wie z. B. eine Beurteilung der Verarbeitung herangezogen werden. Dies sind nur einige der Eigenschaften, die eine Messung von Dienstleistungen erschweren. Daher ist die Frage zu beantworten, mithilfe welcher Kriterien sich die Qualität einer »noch nicht erbrachten und nicht greifbaren« Leistung beurteilen lässt. Das Ergebnis dieser Fragestellung findet sich in dem Kriterienkatalog im dritten Kapitel.

Verfügbare Referenzmodelle/Standards und Perspektive der Betrachtung

In den letzten Jahren hat eine Vielzahl von Standards und Referenzmodellen im Bereich des IT-Service-Managements sehr stark an Bedeutung gewonnen. Bei der Entwicklung des Bewertungsmodells für IT-Servicequalität stellte sich zu Beginn die Frage, ob die Erarbeitung eines solchen Ansatzes überhaupt noch sinnvoll ist und wie er sich gegen die vorhandenen Standards und Referenzmodelle gegebenenfalls abgrenzen lässt.

Ausgangssituation und Einführung

Tabelle 1: Referenzmodelle im Bereich IT-Service-Management [1]

Standards und Referenzmodelle

Name	Bezeichnung	Kurzbeschreibung
ITIL	IT Infrastructure Library for IT Service Management	De-facto-Standard für serviceorientiertes IT-Management
ISO/IEC 20000	Specification/Code of Practice for Service Management	Standard zur Zertifizierung des IT-Servicemanagements
MOF	Microsoft Operations Framework	ITIL-basiertes und auf Microsoft-Umgebungen fokussiertes Prozessmodell
IBM ITPM	IBM IT Process Model	ITIL-basiertes Prozessmodell, wird als Komplettlösung mit Management-Tools angeboten
HP ITSM	HP IT Service Management	ITIL-basiertes Prozessmodell
COBIT	Control Objectives for Information and Related Technology	Standard zur Kontrolle des IT-Managements
IT-Grundschutz	Standard Sicherheitsmaßnahmen – Bundesamt für Sicherheit in der Informationstechnik	Richtlinien zur Etablierung des IT-Sicherheitsmanagements
ISO/IEC 27001	Informationssicherheit	spezifiziert Anforderungen an ein Informationssicherheitsmanagementsystem
ISO/IEC 17799	Information Technology – Code of Practice for Information Security Management	beinhaltet Kontrollmechanismen für die Informationssicherheit
CMMI	Capability Maturity Model Integration	Reifegradmodell zur Beurteilung und Verbesserung der Qualität (»Reife«) von Produktentwicklungsprozessen in Organisationen
ISO/IEC 15504	Information Technology – Process Assessment	Standard zur Durchführung von Bewertungen (Assessments) von Unternehmensprozessen mit Schwerpunkt Softwareentwicklung
ISO 9000, 9001	Quality Management Systems – Fundamentals and Vocabulary	Grundlagen zum Aufbau eines Qualitätsmanagementsystems

Die bisher im Umfeld des IT-Service-Managements etablierten Referenzmodelle legen den Fokus auf die Prozessgestaltung, -anforderung und -verbesserung. Sie nehmen somit die klassische Kundenorientierung aus Sicht des Servicegebers ein (vgl. Abb. 2).

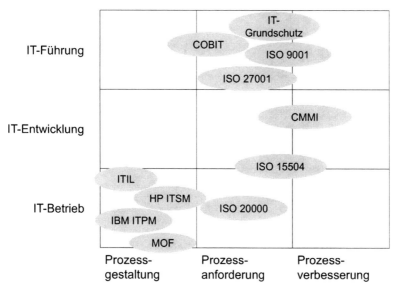

Abb. 2: *Referenzmodelle im Kontext von Prozessgestaltung, -anforderung und -verbesserung (Quelle: [3])*

Durch die Einführung des Bewertungsmodells für IT-Servicequalität wird mit dem *Prozessergebnis* eine neue Dimension eingeführt, die direkt auf den Servicenehmer einwirkt. Das Bewertungsmodell bezieht die Position des Servicenehmers ein, um aus Kundensicht die Servicequalität des Leistungserbringers beurteilen zu können und die Perspektive der Betrachtung darauf auszurichten (vgl. Abb. 3).

Ausgangssituation und Einführung

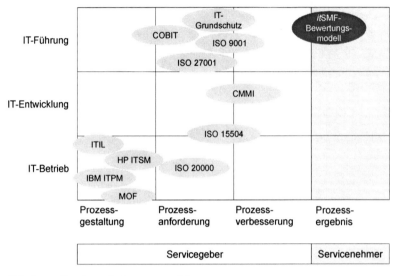

Abb. 3: *Einordnung des Bewertungsmodells*

Denn nicht nur der Aspekt »Qualität der Prozesse« spielt eine wichtige Rolle in der Betrachtung der vom Servicenehmer empfundenen Dienstleistungsqualität. Es ist auch eine bekannte Tatsache, dass sich bei IT-Services die durch den Servicenehmer empfundene Gesamtleistung aus der Verrichtung (dem Prozess) und dem Ergebnis definieren. Hierbei ist entscheidend, dass sowohl der Prozess als auch das Ergebnis die Gesamtqualität der Dienstleistung in gleichem Maße beeinflussen.

Insgesamt ersetzt das Bewertungsmodell keines der oben genannten Referenzmodelle, sondern soll als deren Ergänzung um den Blickwinkel des Kunden gesehen werden. Ziel ist es somit, das Bild vom Servicegeber hin zum Servicenehmer zu vervollständigen.

Wie nützt nun ein Referenzmodell bei der Erbringung qualitativ hochwertig wahrgenommener Dienstleistungen? Referenzmodelle sind abstrakte Abbildungen einer möglichen Realität und dienen anfangs als eine Art Projektplan oder Zielperspektive. Um dann letztendlich die tatsächliche Umsetzung zu erreichen, kommt das Element der Bewertung und möglichen Zertifizierung hinzu. Referenzmodell und Zertifizierung greifen in der Form ineinander, dass das Referenzmodell den möglichen Sollzustand angibt und die Zertifizierung durch einen Dritten überprüft, inwieweit dieser Sollzustand erreicht worden ist und wo es noch Abweichungen gibt. Solch eine Zertifizierung bzw. externe Bewertung sind Anwendungsfälle dieses Bewertungsmodells, wie sie im vierten Kapitel skizziert werden.

Marktanforderungen an das Bewertungsmodell

Um zu evaluieren, welcher Bedarf an einem Bewertungsmodell für die Qualität von IT-Services besteht und wie die Anforderungen daran aussehen, wurde eine Marktbefragung durchgeführt. Die Untersuchungsgesamtheit dieser Erhebung bestand aus den Mitgliedsunternehmen des *it*SMF und des Branchenverbandes der deutschen Informations- und Telekommunikationsbranche BITKOM. Unterschieden wurde dabei die Sichtweise der Unternehmen, ob sie als Servicenehmer oder als Servicegeber auftreten. Unternehmen, die in beiden Rollen am Markt agieren, mussten sich für eine Perspektive entscheiden. Während Servicegeber den Wunsch hatten, das Unternehmen bewerten zu lassen, hatten Servicenehmer das Hauptinteresse daran, ein Bewertungsinstrument für die Beurteilung der Dienstleistung zu erhalten.

Ferner waren die Anforderungen zwischen Servicenehmer und Servicegeber in einem weiteren Punkt unterschiedlich: Erstere waren deutlich häufiger an einer verbindlichen DIN- oder ISO-Norm interessiert, gegen die zertifiziert wird, als die Servicegeber, die sich lediglich einen unverbindlichen Branchenstandard wünschten (vgl. Abb. 4).

Ausgangssituation und Einführung

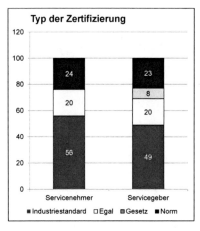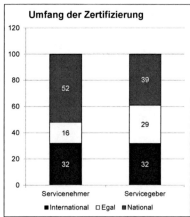

Abb. 4:   *Marktumfrage – Gewünschter Typ und Umfang der Zertifizierung*

Einigkeit herrschte hingegen über die beiden meistgenannten Bewertungsaspekte: Die Aussage des Bewertungsmodells sollte nach überwiegender Mehrheit die Qualität der Leistungserstellung betreffen und erst in zweiter Linie die Prozesse, die zur Leistungserstellung führen (siehe Abb. 5).

Die Ergebnisperspektive stand damit im Vordergrund. Der deutsche Markt reagiert eher verhalten auf die angebotenen Zertifizierungsmöglichkeiten. Der Marktdruck ist bei der ISO-9000-Normenfamilie am größten. Im Jahre 2009 lag laut einer ISO-Umfrage [2] die Anzahl durchgeführter Zertifizierungen nach ISO 9001 ff. bei etwa 1 Million. Historisch betrachtet ist dies seit dem Zeitpunkt der Fall, als bei öffentlichen Aufträgen ein nachgewiesenes Qualitätsmanagementsystem Vergabekriterium geworden ist. Ähnliche indirekte Anforderungen gibt es für die Zertifizierung nach ISO 27000, um ein IT-Security-Management nachweisen zu können. Solche Anforderungen kommen allerdings von Kundenseite, so z. B. von Kunden, die dem Sarbanes-Oxley Act (SOX) unterliegen.

Nachgelagert bzw. zum Nachweis des eingerichteten Service-Managements ist der Standard ISO 20000 zu betrachten, der Mindest-

Ausgangssituation und Einführung

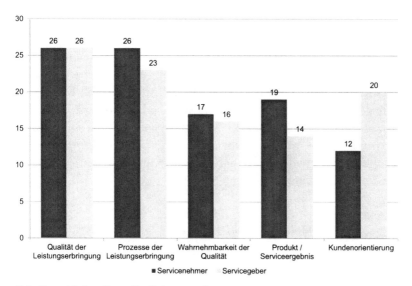

Abb. 5: *Marktumfrage – Zertifizierungsaspekte*

anforderungen (also das »Wie«) und weitergehende Empfehlungen für die Umsetzung des IT-Servicemanagements beinhaltet. Eine ITIL-Zertifizierung ist damit jedoch nicht verbunden. Das Ziel von ITIL ist keine endgültige und umfassende Standardisierung, vielmehr wird ein sogenannter Best-Practice-Ansatz verfolgt, der von jeder Organisation beliebig adaptierbar ist und auf die eigenen Bedürfnisse zugeschnitten werden muss.

Weiterhin ist festzustellen, dass die vorhandenen relevanten Standards, gegen die zertifiziert wird (ISO 20000, ISO 27000 oder ISO 9001 ff.), ausschließlich Prozessstandards sind und keine Ergebnisdimension aufweisen, worauf bereits weiter oben näher eingegangen wurde. Damit wird die Möglichkeit, die vom Kunden wahrgenommene Qualität mit in die Zertifizierung einfließen zu lassen, abgeschnitten. Schließlich nimmt der Kunde nicht die prozess- oder standardkonforme Leistungserstellung wahr, sondern das an ihn übergebene Ergebnis und das auch nur zum Zeitpunkt der Übergabe. Standards und Pro-

Ausgangssituation und Einführung

zessmodelle sind sicherlich ein geeignetes Mittel, um während der gesamten Leistungserbringungsphase, die beim Servicenehmer bereits vor dem Übergabezeitpunkt beginnt, die Wahrscheinlichkeit signifikant zu erhöhen, dass der Servicenehmer eine nachvollziehbare, wiederholbare und nicht auf dem Zufall basierende Dienstleistung bezieht. Eine hinreichende Gewähr ist mit einem Prozessstandard aber nicht zu leisten.

Im folgenden Abschnitt werden einige der in der Praxis am häufigsten eingesetzten Zertifizierungsstandards näher beschrieben und mit dem Bewertungsmodell für IT-Servicequalität und dessen möglicher Zertifizierung in Zusammenhang gestellt.

ISO 20000
Ansätze zur Standardisierung von Prozessen folgen einem einheitlichen Service-Management-Framework, der Definition von Prozessabläufen, der Zuordnung von Verantwortungen (Rollenkonzept) sowie der Unterstützung durch Automatisierung bzw. Tools. Die Integration der Prozesse des IT-Service-Managements in ein Managementsystem mit Schnittstellen und Regelkreisen findet zunehmend bei Neuausrichtungen oder Weiterentwicklungen von IT-Organisationen Berücksichtigung.

Zwischen den Wertmaßstäben der Servicegeber und der Servicenehmer gibt es immer noch gravierende Unterschiede. Während die Servicegeber immer noch die greifbaren Funktionalitäten wie die Verfügbarkeit der Hardware und den fehlerfreien Betrieb einer Anwendung in den Vordergrund stellen, legen die Kunden der IT heute wesentlich mehr Wert auf die Fähigkeiten, die sie auch von ihren anderen Geschäftspartnern verlangen – Pünktlichkeit, Budgettreue, Zuverlässigkeit, Ehrlichkeit usw. Das »reine« Funktionieren der Infrastruktur wird meist als gegeben vorausgesetzt und steht deshalb nicht an erster Stelle in der Wertschätzung. Diese Aspekte werden angemessen in ITIL und der ISO 20000 berücksichtigt. Für die Planung und Implementierung des Service-Managements sind Kriterien der Steuerungs- und Abstimmungsprozesse vorgegeben, die im Business Relationship Management auf den Kunden fokussiert und detailliert werden.

Prozesse, die nach den Good Practices von ITIL modelliert und in ein Managementsystem integriert sind sowie über geeignete Regelkreise gesteuert werden, können im Rahmen der Zertifizierung eines Managementsystems eine Konformitätsbestätigung nach ISO 20000 erhalten.

Am Ende einer Ausrichtung der Prozesse an der ISO 20000 und nach einer Zertifizierung steht dann der Befähigungsnachweis, aber nicht der Wirksamkeitsnachweis. Das Bewertungsmodell für IT-Servicequalität möchte die ISO 20000 um diesen Wirksamkeitsnachweis ergänzen.

ISO 27000
Die ISO 27000 beschreibt die Forderungen an ein Managementsystem für Informationssicherheit (ISMS). Die Norm gibt Empfehlungen zur Einführung und Lenkung, Managementverantwortung und -review sowie zur kontinuierlichen Verbesserung dieses ISMS. Darüber hinaus wird ein Risikomanagementsystem gefordert, das neben der Identifikation zu schützender Unternehmenswerte und deren Risikobewertung auch die Ableitung von Maßnahmen zur nachhaltigen Risikominderung beinhaltet.

Die prozessualen Anforderungen der ISO 27000 sind nur ansatzweise mit dem Bewertungsmodell für IT-Servicequalität verbunden, da dieses mehr auf die tatsächliche Leistungsperspektive fokussiert.

IT-Grundschutzhandbuch
Die Vorgaben des IT-Grundschutzhandbuches (IT-GSHB) des Bundesamtes für Sicherheit in der Informationstechnik (BSI) werden zur Qualifizierung nach IT-Grundschutz des BSI umgesetzt, d. h., es werden eine IT-Strukturanalyse, eine Schutzbedarfsfeststellung, eine Modellierung des IT-Verbundes sowie ein Basis-Sicherheitscheck durchgeführt. Die Ergebnisse werden in einem Auditreport und einer Selbsterklärung dargelegt.

Der Zusammenhang zwischen ISO 27000 und dem IT-GSHB wird im Managementsystem mit Prozessen und Vorgaben der Informationssicherheit (IS) abgebildet, die insgesamt die Forderungen eines ISMS nach ISO 27000 abdecken. Bausteine der IT-Infrastruktur und IT-Systeme sind in diese IS-Prozesse und -Vorgaben eingebunden. Die Bewertung dieser Bausteine nach den Kriterien des IT-GSHB ergänzt u. a. das Risikoinventar des eingeführten Business Continuity Managements aus der ISO 20000.

Die Kernpunkte des IT-GSHB lassen sich wie folgt zusammenfassen:
⇨ Sicherheit von einzelnen IT-Bausteinen und nicht die gesamte Unternehmenssicherheit
⇨ Technikorientierter Ansatz ohne eine prozessorientierte Risikoanalyse
⇨ Basis-Sicherheitscheck, der eine gute Grundlage zur Risikoreduktion von IT-Bausteinen bildet
⇨ Unterstützung beim Aufbau von IS-Modulen bezogen auf die technische Realisierung

Der Nutzen für den Kunden zeigt sich in der intelligenten Anwendung von IS-Vorgaben von IT-Organisationen in Verbindung mit einer systematischen Analyse der IT-Bausteine zur umfassenden Gewährleistung der IT-Sicherheit. Die Einbindung in das Unternehmen wird u. a. über eine IS-Organisation gewährleistet. Diese Erfahrungen sind auch für externe Kunden nachhaltig nutzbar.

Kriterien der Informationssicherheit lassen sich in die Bewertung von IT-Services einbeziehen, sofern sie nicht bereits zu den Standardforderungen der Kunden, wie z. B. Vertraulichkeit, gehören.

Die wesentlichen Kernpunkte des IT-GSHB sind in das Bewertungsmodell für IT-Servicequalität durch die Dimension *Sicherheit* eingeflossen. Die Kriterien dieser Dimension sind so ausgestaltet, dass sie die Perspektive des Servicenehmers schützen, ohne zu sehr die inneren Details der IT-Organisation des Servicegebers offenzulegen.

ISO 9001

Die ISO 9001 (Quality management systems – Requirements) beschreibt die Forderungen an ein Qualitätsmanagementsystem (QMS) und bildet die Zertifizierungsgrundlage (»shall«). Die ISO 9004 (Quality management systems – Guidelines for performance improvement) ist als Leitfaden zum Aufbau und zur Weiterentwicklung des QMS zu sehen und bildet keine Zertifizierungsgrundlage (»should«). Die ISO 9000 (Quality management systems – Fundamentals and vocabulary) enthält Definitionen und grundsätzliche Festlegungen von Begriffen des Qualitätsmanagements (Ersatz für die ISO 8402). In der ISO 19011 (Guidelines for quality and/or environmental management systems auditing) ist der Leitfaden zur Planung und Durchführung von internen und externen Audits sowie zur Qualifikation und Bewertung von Auditoren abgebildet.

QM-Systeme bilden häufig die Basis für Managementsysteme, die auch Kriterien des IT-Service-Managements und der Informationssicherheit berücksichtigen. Die Kompatibilität der Managementsysteme nach ISO 9001, ISO 20000 und ISO 27000 ist gegeben, da generische Elemente, wie z. B. Aufbau eines Managementsystems, Steuerung und Review, Auditierung, Korrektur und Verbesserung, in allen drei Regelwerken so berücksichtigt wurden, dass sie integrierbar sind. Das Managementsystem als Kernkomponente eines jeden kontinuierlichen, gesteuerten Verbesserungsprozesses ist damit wesentlich für die Kontrolle und Verbesserung von Qualitäten. Es ist aber nicht allein ausreichend, um gelieferte Qualität festzustellen bzw. zu garantieren.

Die ISO 9001 stellt ein Managementsystem zur Verfügung, um eine Befähigung sicherzustellen. Mit dem Managementsystem wird eine kontinuierliche Verbesserung vorgesehen und unterstützt. Zwar wird damit bereits eine Rückkopplung des Ergebnisses in das System geschaffen, aber nicht das Ergebnis selbst betrachtet. Das Bewertungsmodell für IT-Servicequalität hingegen stellt das Ergebnis in den Fokus der Betrachtung und prüft die Wirksamkeit aller Maßnahmen.

Was kennzeichnet das Bewertungsmodell?

Das Bewertungsmodell für IT-Servicequalität erweitert die Betrachtungsweise um die Perspektive des Kunden. Dabei liegt das Ziel nicht darin zu untersuchen, wie die Leistung erbracht wird, sondern darin zu prüfen, ob der Kunde die Leistung in der gewünschten Qualität wahrnimmt. Dies ist der Hauptunterschied zur ISO 20000, die nicht auf den Kunden, sondern auf die Prozesse fokussiert. Im nächsten Abschnitt wird dies durch eine Reihe charakteristischer Merkmale des Modells detailliert dargestellt.

Zentrale Merkmale des Bewertungsmodells

Folgende Charakteristika beschreiben und positionieren das Bewertungsmodell für IT-Servicequalität:

1. Der Schwerpunkt der Bewertung liegt auf dem wahrgenommenen Ergebnis und der Wirksamkeit der Leistungserbringung, nicht auf der Fähigkeit zur Leistungserbringung durch prozesstechnische Umsetzung.
2. Das Bewertungsmodell steht als Garant für ein definiertes und messbares Qualitätsniveau der Leistungserbringung mit regelmäßiger Überprüfung.
3. Der Kriterienkatalog für das Bewertungsmodell basiert auf einem wissenschaftlich begründeten und praxiserprobten Ansatz. Dieser orientiert sich an den Forderungen der Servicenehmer.
4. Die Qualitätskriterien des Bewertungsmodells sind objektiv und messbar. Sie werden über ein definiertes Messverfahren beurteilt.
5. Der Kriterienkatalog ist öffentlich verfügbar.
6. Das Bewertungsmodell ist für Unternehmen jeder Größe konzipiert, da die Skalierbarkeit die Einstiegsschwelle variabel hält.
7. Die Rechte des Bewertungsmodells liegen beim *it*SMF Deutschland e.V.

Was die Punkte im Einzelnen bedeuten, wird nachfolgend erläutert.

Der Schwerpunkt der Bewertung liegt auf dem wahrgenommenen Ergebnis und der Wirksamkeit der Leistungserbringung, nicht auf der prozessualen Fähigkeit zur Leistungserstellung.
Es ist im besonderen Interesse des *it*SMF, eine Bewertung aus der Perspektive des Servicenehmers zu ermöglichen. Das bedeutet, dass die zugrunde gelegten Messkriterien die Sichtweise des Leistungsempfängers bzw. dessen Wahrnehmung widerspiegeln. Dadurch soll der Servicegeber in die Pflicht genommen werden, sich nicht auf seine Leistungserbringung zurückzuziehen, sondern (wie so oft proklamiert) durch kundenorientierte Arbeitsweise die Leistung so zu erbringen, wie es sich der Kunde bei der Annahme des Angebots vorgestellt hat. Auf diese Weise sollen nicht nur unhaltbare Versprechen vermieden werden. Vielmehr soll beim Servicegeber eine Sensibilität dafür geschaffen werden, dass sich ein Kunde unter einem Angebot etwas anderes vorstellen kann als der Anbietende. Die vermittelte Leistungsfähigkeit des Servicegebers muss in dieser Form realisierbar sein.

Das Bewertungsmodell steht als Garant für ein definiertes und messbares Qualitätsniveau der Leistungserbringung mit regelmäßiger Überprüfung.
Das Vorhandensein von Qualitätskriterien allein reicht nicht aus, um eine verlässliche Information über die Qualität eines Dienstleisters zu erhalten. Daher stellt der *it*SMF einen Katalog zur Verfügung, der diese Kriterien benennt und deren Messung regelt. Gängige prozessorientierte Zertifizierungsansätze geben im Wesentlichen eine Konformitätserklärung ab und zeigen weniger Verbesserungspotenziale als das Bewertungsmodell für IT-Servicequalität auf. Die Abstufung ist aus den Zertifikaten für Prozessmodelle nicht ersichtlich. Um Verbesserungswege aufzuzeigen und um Dienstleister differenziert nach ihrer Leistungsfähigkeit bewerten zu können, sind Abstufungen notwendig.

Der Kriterienkatalog für das Bewertungsmodell basiert auf einem wissenschaftlich begründeten und praxiserprobten Ansatz. Dieser orientiert sich an den Forderungen der Servicenehmer.
Die Entwicklung des Katalogs von Qualitätskriterien wurde wissenschaftlich begleitet und entsprechend dokumentiert. Hierbei stand dem *it*SMF das Forschungsinstitut für Rationalisierung an der RWTH Aachen e. V. (FIR) zur Seite, das ähnliche Qualitätsmodelle bereits für andere Industriezweige entwickelt hat. Basis war kein rein akademischer Ansatz, sondern ein anwendungsorientiertes Modell. Insofern waren von Anfang an Servicenehmer und Servicegeber beteiligt. Die ermittelten Qualitätskriterien sind somit Anforderungen aus der Praxis, die für Servicegeber realisierbar sind.

Die Qualitätskriterien des Bewertungsmodells sind objektiv und messbar. Sie werden über ein definiertes Messverfahren beurteilt.
Der Schwerpunkt liegt auf der Wahrnehmung der bezogenen Dienstleistung, dennoch finden sich keine subjektiven und damit nicht messbaren Kriterien im Kriterienkatalog wieder. Das Verfahren, wie diese Kriterien bewertet, gemessen und gewichtet werden, ist Bestandteil der Spezifikation. Damit sind die Ergebnisse untereinander vergleichbar und der Servicenehmer erhält ein Werkzeug für den objektiven Vergleich seiner Servicegeber.

Der Kriterienkatalog ist öffentlich verfügbar.
Das *it*SMF ist an einer Weiterentwicklung des Bewertungsmodells durch die Praxiserfahrungen seiner Anwender interessiert. Daher werden das Bewertungsmodell und der zugehörige Kriterienkatalog im Rahmen dieser Buchveröffentlichung öffentlich zugänglich gemacht. Diesbezügliche Anfragen sowie Feedback und Erfahrungsberichte nimmt das *it*SMF gerne entgegen, z. B. über die zentralen Kontaktinformationen unter www.itsmf.de.

Das Bewertungsmodell ist für Unternehmen jeder Größe konzipiert, da die Skalierbarkeit die Einstiegsschwelle variabel hält.
Die Kriterien wurden so zusammengestellt, dass sie für kleine und mittlere Unternehmen ebenso realisierbar sind wie für Großunternehmen. Der Wunsch nach einer Überprüfung der Ergebnisqualität löst damit überschaubare Aufwände im Unternehmen aus, die unter dem Gesichtspunkt der Kundenorientierung ohnehin nötig wären. Der Servicegeber behält die Kontrolle über die Aufwendungen, da er das zu erreichende Qualitätsniveau anhand des von ihm bedienten Marktsegments selbst wählen kann. Dies erreicht er durch eine im Rahmen des Bewertungsmodells bereitgestellte Selbstbewertung, die ihm eine Standortbestimmung aus der Innenperspektive heraus ermöglicht, ohne dass hierfür externe Kosten anfallen.

Die Rechte des Bewertungsmodells liegen beim *it*SMF Deutschland e.V.
Der *it*SMF Deutschland e.V. ist das deutsche Organ des IT Service Management Forums (*it*SMF). Zu den Zielen des Vereins gehören insbesondere die gemeinsame Weiterentwicklung und Verbreitung von De-facto-Standards für ITSM, wie der IT Infrastructure Library (ITIL).

Nutzeneffekte

Der mögliche Nutzen des Bewertungsmodells für IT-Servicequalität lässt sich innerhalb der folgenden drei Gruppen realisieren:
⇨ zunächst für den Servicegeber durch z. B. Differenzierung gegenüber Mitbewerbern,
⇨ für den Servicenehmer, der erstmals eine glaubwürdige Vergleichbarkeit von IT-Dienstleistung erreicht und letztlich auch
⇨ für den Servicemarkt durch das Aushebeln der Qualitätssenkungsspirale als Folge des Preisdrucks (vgl. Abb. 6).

Ausgangssituation und Einführung

Darüber hinaus gibt es folgende Nebeneffekte und Anreize:
⇨ *Skalierbarkeit:* Das Bewertungsmodell ist für große, mittlere und kleine Unternehmen konzipiert.
⇨ *Klarer Bezug und klare Abgrenzung zu vorhandenen Standards:* Das Bewertungsmodell für IT-Servicequalität ist im Kontext der ISO-Normen 9001 ff., 20000 und 27000 entwickelt und passgenau in die oben beschriebene, vom *it*SMF festgestellte Lücke eingearbeitet worden.

Zusammenfassend soll hervorgehoben werden, dass das Bewertungsmodell für IT-Servicequalität die Einstiegshürde variabel hält und somit für Unternehmen jeder Größe anwendbar ist. Der Kriterienkatalog ist so aufgebaut, dass er einem Servicegeber den notwendigen Spielraum für eine Differenzierung von Leistungsangebot und Leistungserstellung lässt. Er kann sich Schwerpunkte setzen, die er erfüllen möchte, und auch bewusst auf Elemente verzichten.

Servicenehmer	Servicemarkt	Servicegeber
• Vergleichbarkeit der IT-Dienstleister • Vertrauen in die nachhaltige Leistungsfähigkeit • Minderung der Risiken bei der Beschaffung von IT-Dienstleistungen • Vertrauen auf Wiederholbarkeit der Leistung • Senkung von Transaktionskosten • Sichere Vereinbarung und Beurteilung des Qualitätsniveaus von IT-Dienstleistungen	• Aushebeln der Qualitätssenkungsspirale • Standardisierung der Begriffssystematik • Konkretisierung von Good Practice aus dem IT-Service-Management • Förderung der Verbreitung von Good Practice	• Differenzierung gegenüber Mitbewerbern • Dokumentation und Nachweis nachhaltiger Leistungsfähigkeit • Senkung der Transaktionskosten • Potenzial für Unternehmensentwicklung und Markenbildung • Kundenbasis schützen • Nachweis der Wiederholbarkeit der Leistung

Abb. 6: *Nutzeneffekte der Anwendung des Bewertungsmodells*

Ausgangssituation und Einführung

Visuelle Darstellung einer Bewertung

Als Logo für die Anwendung des Bewertungsmodells wird ein siebenseitiges Spinnennetz mit fünf Qualitätsstufen verwendet: ein Heptagon (siehe Abb. 7).

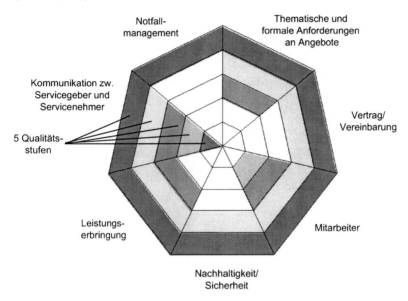

Abb. 7:   *Das Logo des Bewertungsmodells mit Beschriftung seiner Bestandteile*

Die sieben Seiten stellen die sieben Kategorien der Bewertungskriterien dar. Von oben rechts beginnend im Uhrzeigersinn sind dieses:
1. Thematische und formale Anforderungen an Angebote
2. Vertrag/Vereinbarung
3. Mitarbeiter
4. Nachhaltigkeit/Sicherheit
5. Leistungserbringung
6. Kommunikation zwischen Servicegeber und Servicenehmer
7. Notfallmanagement

Die fünf Qualitätsstufen entsprechen der Ausprägung der Ergebnisqualität:
- ⇨ Die Stufe 5 ist der innere Kreis (die höchste Stufe) und entspricht einer sehr hohen Ergebnisqualität. Diese wird unter vollständiger Kontrolle wiederholbar erreicht, ohne dass der Zufall dabei eine Rolle spielt.
- ⇨ In der Stufe 4 wird eine kontrolliert hohe Ergebnisqualität festgestellt.
- ⇨ Die Stufe 3 ist die mittlere Stufe und entspricht einer nachgewiesenen hohen Ergebnisqualität, mit gesteuerten Maßnahmen für nachhaltige, qualitative Ergebnisse.
- ⇨ In der Stufe 2 wird eine gute Ergebnisqualität ausgewiesen.
- ⇨ Bei der Stufe 1 als Einstiegsstufe wird in den meisten Fällen eine ausreichende Ergebnisqualität belegt.
- ⇨ Wenn eine unzureichende Ergebnisqualität geliefert wird, dann entspricht das der Qualitätsstufe 0.

Literatur

[1] DOHLE, H.; SCHMIDT, R.; ZIELKE, F.; SCHÜRMANN, TH.: *ISO 20000 – Eine Einführung für Manager und Projektleiter.* dpunkt verlag, 2009

[2] *International Organization for Standardization (ISO): ISO Survey 2009.* Online unter http://www.iso.org/iso/survey2009.pdf, aufgerufen am 19.08.2011

[3] DOHLE, H.; RÜHLING, J.: *ISO/IEC 20000 – Stellenwert für das IT Service Management.* itServiceManagement, 01/2006

Die Entstehung des Kriterienkatalogs

Basis des Bewertungsmodells ist ein Kriterienkatalog, der eine Messung der IT-Servicequalität aus Kundensicht ermöglicht. Um einen solchen Katalog aufzustellen, ist ein systematisches Vorgehen erforderlich, das sowohl die Angebots- als auch die Leistungserbringung berücksichtigt.

In diesem Beitrag erfahren Sie:
- welche Ansätze sich für die Entwicklung eines Qualitätsmodells für IT-Services eignen,
- welche Qualitätsdimensionen und -merkmale dabei abgeleitet wurden,
- wie sich adäquate Messkriterien entwickeln lassen.

Helge Dohle, Christian Lasch, Ingo Wiedermann, Patrick Wild

Überblick über das methodische Vorgehen

Kernelement des Bewertungsmodells für IT-Servicequalität ist der Kriterienkatalog, der sowohl die einzelnen Kriterien als auch die entsprechende Vorgehensweise für die Zertifizierung eines IT-Dienstleisters beinhaltet. Um geeignete Kennzahlen für den Kriterienkatalog entwickeln zu können, wurde am Forschungsinstitut für Rationalisierung an der RWTH Aachen (FIR) die 3D-PQ-Methode – ein Verfahren zur dreidimensionalen prozess- und qualitätsmodellbasierten Kennzahlenerhebung – entwickelt und in den vergangenen Jahren im Praxiseinsatz weiter verfeinert (siehe Abb. 8).

Wie der Name schon impliziert, sind die Kernelemente der Methode Prozesse und Qualitätsmodelle, anhand derer sequenziell über die Ebenen Potenzial, Prozess und Ergebnis geeignete Kennzahlen identifiziert und gewichtet werden. Somit besteht der erste Schritt der

Die Entstehung des Kriterienkatalogs

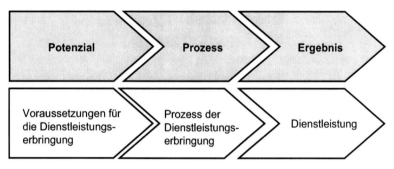

Abb. 8: *Ebenen der 3D-PQ-Methode*

Kennzahlenentwicklung darin, ein für die spezifische Problemstellung angemessenes Prozess- und Qualitätsmodell zu identifizieren.

Ein Qualitätsmodell versucht, die Komplexität, die in dem Begriff Qualität steckt, zu reduzieren und die begriffliche und konzeptionelle Grundlage für die Beschäftigung mit Qualitätsproblemen zu schaffen [13]. Die Operationalisierung des Qualitätsmodells legt die Einzelkriterien fest, die zusammengenommen die Grundlage für die Qualitätsaussage liefern. Es befasst sich mit der Bestimmung des Qualitätsbegriffs, gemäß dem eine umfassende Qualitätsaussage getroffen werden kann, sowie mit dem Empfinden von Qualität und der Einteilung in unterschiedliche Qualitätsdimensionen.

Bei der Entwicklung des Kriterienkatalogs für das Bewertungsmodell für IT-Servicequalität hat der Arbeitskreis des *it*SMF entsprechend der oben vorgestellten Methode in einem ersten Schritt ein Qualitätsmodell und die dazugehörigen Qualitätsdimensionen festgelegt. Im Anschluss daran wurden Qualitätsmerkmale sowohl für die Angebotsphase als auch für die Leistungserbringungsphase eines IT-Services erarbeitet.

Auf Grundlage dieser Qualitätsmerkmale wurden in Phase I Kriterien ausschließlich für die Angebotserbringung (d. h. sowohl Ausschreibung als auch Angebotsprüfung) entwickelt und nach deren Operationalisierung in einen Kriterienkatalog überführt. In Phase II wurden analog dazu Qualitätskriterien für die Leistungserbringung definiert und daraufhin in Phase III mit den Kriterien aus der Angebotserbringung in einem gemeinsamen Kriterienkatalog kombiniert. Ferner wurde ein Bewertungsverfahren entwickelt, um den Erfüllungsgrad der einzelnen Kriterien messen zu können. Abbildung 9 veranschaulicht die einzelnen Phasen für die Entwicklung des Kriterienkatalogs, die in den folgenden Abschnitten im Detail beschrieben werden.

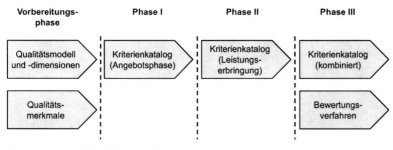

Abb. 9: *Entwicklung des Kriterienkatalogs*

Vorbereitungsphase: Entwicklung des theoretischen Modells

Qualitätsmodell und Qualitätsdimensionen

Bei dem Ansatz – der Messung der IT-Servicequalität aus Kunden- bzw. Nutzersicht – ging es dem Arbeitskreis zunächst darum, einen methodischen Rahmen zu finden, der die aus Kundensicht relevanten Qualitätsmerkmale erheben lässt und der somit eine nachfragebezogene Messung im Hinblick auf die Erwartungen und Eindrücke des Servicenehmers von der tatsächlich erbrachten Leistung unterstützt. Dies vor dem Hintergrund, dass Qualität nicht objektiv durch den Servicegeber produziert, sondern subjektiv durch den Servicenehmer erlebt wird und es daher zu einer Differenz zwischen seinen Erwartungen und seiner Wahrnehmung der Dienstleistung kommen kann.

Da die einzelnen Kundenerwartungen oft sehr individuell sind und im Bereich der IT-Dienstleistungen eine hohe Komplexität vorhanden ist, war ein hoher Strukturierungsgrad zu wählen, um die relevanten Qualitätsmerkmale erfassen zu können. Zu Beginn stand diesbezüglich eine Reihe von Modellen zur Verfügung, die ihre Praxistauglichkeit aus der beratenden Sicht des FIR bereits unter Beweis gestellt hatten, die Forderung nach hohem Strukturierungsgrad grundsätzlich unterstützen und dahingehend untersucht wurden. Grundsätzlich lässt sich zwischen quantitativen, merkmalsorientierten und qualitativen, ereignisorientierten Methoden unterscheiden. Während merkmalsorientierte Ansätze davon ausgehen, dass sich das Qualitätsurteil von Kunden auf die Quantifizierung verschiedener Qualitätsmerkmale einer Dienstleistung bezieht, basieren ereignisorientierte Ansätze auf der Annahme, dass Kunden aus der Vielzahl von Ereignissen und Situationen während eines Dienstleistungsprozesses bestimmte Erlebnisse als besonders qualitätsrelevant wahrnehmen [5]. Von den zahlreichen Qualitätsmessverfahren wurden ausschließlich diejenigen Instrumente betrachtet, die zur Erfassung der spezifischen Qualitätskriterien besonders geeignet erschienen. Hierzu hat sich die Suche nach dem passenden Qualitätsmodell auf die sogenannten merkmals- und kundenorientierten Ansätze konzentriert, mit deren Hilfe sich die aus Kundensicht relevanten Leistungskriterien sowie die generelle Zufriedenheit mit der wahrgenommenen Dienstleistungsqualität ermitteln lassen.

Es wurden sechs Qualitätsmodelle in die engere Auswahl genommen, die wissenschaftlich hinreichend diskutiert und akzeptiert sind, um Dienstleistungsqualität zu bewerten:
1. Phasenmodell von Donabedian (1966)
2. Soll-Ist-Vergleich von Grönroos (1982)
3. Interaktionsmodell von Meyer/Mattmüller (1987)
4. Kombinationsmodell von Grönroos/Gummesson (1987)
5. Qualitätsmodell von Corsten (1986)
6. Empirisches Modell »SERVQUAL« von Parasuraman/Zeithaml/Berry (1988)

Tabelle 2 gibt einen Überblick über die wesentlichen Merkmale dieser unterschiedlichen Qualitätsmodelle (für eine detaillierte Betrachtung von Dienstleistungsqualitätsmodellen siehe [10]).

Tabelle 2: Qualitätsmodelle und ihre wesentlichen Merkmale

Modell	Beschreibung
Phasenmodell von Donabedian (1966)	Das Phasenmodell, das eigentliche Urmodell der Dienstleistungsqualität, wurde bereits 1966 von Donabedian als Modell für ärztliche Dienstleistungen entwickelt [1]. Es unterscheidet zwischen den drei Dimensionen: ⇨ Struktur- und Potenzialdimension, ⇨ Prozessdimension, ⇨ Ergebnisdimension. Die Qualitätswahrnehmung des Dienstleistungsnehmers ist demnach nicht nur vom Ergebnis, sondern auch von den Potenzialen (d. h. von sämtlichen Einsatzfaktoren, die bereits vor der Integration des Kunden in den Dienstleistungsprozess vom Anbieter bereitgestellt werden wie Geschäftsräume, technische Ausstattung, Know-how etc. [11]) und dem Erstellungsprozess abhängig.
Soll-Ist-Vergleich von Grönroos (1982)	Die Kundenzufriedenheit bei diesem Modell resultiert aus dem Vergleich des Kunden zwischen erwarteter und tatsächlich erhaltener Leistung [2]. Geht dieser Vergleich positiv aus, wird die Qualität der Dienstleistung auch positiv gewertet. Grönroos unterscheidet dabei zwischen zwei Dimensionen: ⇨ Dimension der technischen Qualität (Was bekommt der Kunde?) ⇨ Dimension der funktionalen Qualität (Wie wird die Leistung erbracht?)

Tabelle 2: Qualitätsmodelle und ihre wesentlichen Merkmale (Fortsetzung)	
Modell	Beschreibung
Interaktionsmodell von Meyer/Mattmüller (1987)	Der Ansatz von Meyer und Mattmüller [6] erweitert das phasenorientierte Modell von Donabedian durch eine Verknüpfung mit dem Soll-Ist-Vergleich von Grönroos, indem für jede Phase der Dienstleistung (Potenzial, Prozess und Ergebnis) die Frage nach dem »Was« und dem »Wie« gestellt wird. Die beiden Autoren identifizieren demnach die folgenden vier Qualitätsdimensionen: ⇨ Potenzialqualität des Anbieters (Was?/Wie?) ⇨ Potenzialqualität des Nachfragers (Was?/Wie?) ⇨ Prozessqualität (Was?/Wie?) ⇨ Ergebnisqualität (Was?/Wie?) Des Weiteren lässt sich die Potenzialqualität laut Modell noch in vier weitere Dimensionen verfeinern: ⇨ auf Anbieterseite in: 　– Spezifizierungspotenziale (die internen Leistungsfähigkeiten des Anbieters), 　– Kontaktpotenziale (alle im Kundenkontakt stehenden Personen und die vom Kunden wahrnehmbaren Potenziale des Anbieters), ⇨ auf Kundenseite in: 　– Integrationspotenziale (Bereitschaft des Kunden zur Mitwirkung am Leistungserstellungsprozess), 　– Interaktivitätspotenziale (die möglichen Kontakte und Interaktivitäten zwischen mehreren Nachfragern). [4]
Kombinationsmodell von Grönroos/ Gummesson (1987)	Das Kombinationsmodell von Grönroos und Gummesson [3] ist eine Verschmelzung des Soll-Ist-Vergleichs von Grönroos und des Produktqualitätsmodells von Gummesson. Das Modell von Gummesson stammt aus dem Sachgüterbereich und bezieht sich auf die vier Qualitätsdimensionen ⇨ Designqualität, ⇨ Produktqualität, ⇨ Auslieferungsqualität, ⇨ Beziehungsqualität. Grönroos ergänzt diesen Ansatz um die zentralen Fragen: »Was wird erbracht?« und »Wie wird es erbracht?«

Tabelle 2: Qualitätsmodelle und ihre wesentlichen Merkmale (Fortsetzung)	
Modell	Beschreibung
Modell von Corsten (1986)	Die Basis dieses Modells bildet Donabedians Phasenbetrachtung, wobei Corsten die einzelnen Teilphasen noch stärker konkretisiert. Im Mittelpunkt steht die Verrichtungsqualität, da nach Corstens Auffassung die Qualität einer Dienstleistung auch durch den externen Faktor mitbestimmt wird [8]. Das Modell umfasst folgende Dimensionen: ⇨ Anbieterdimension (Einsatzpotenziale mit personenbezogenen und sachbezogenen Merkmalen), ⇨ Nachfragedimension (Fähigkeitskomponente und Bereitschaftskomponente), ⇨ Verrichtungsqualität (Integration und Interaktion), ⇨ Ergebnisqualität der Dienstleistung.
SERVQUAL-Modell von Parasuraman/Zeithaml/ Berry (1988)	Der empirische Ansatz von Parasuraman, Zeithaml und Berry [7] wurde in den 1980er Jahren auf der Basis von Interviews mit Führungskräften von Dienstleistungsunternehmen und Gruppengesprächen mit Dienstleistungsnachfragern in verschiedenen Branchen entwickelt. Das SERVQUAL-Modell legt in seiner ursprünglichen Form zehn Qualitätsdimensionen zugrunde: Materielles, Zuverlässigkeit, Entgegenkommen, Kompetenz, Zuvorkommenheit, Vertrauenswürdigkeit, Sicherheit, Erreichbarkeit, Kommunikation und Kundenverständnis. Diese wurden später von Zeithaml zu einer kompakten Form aus fünf Dimensionen modifiziert: Annehmlichkeit des materiellen Umfelds, Zuverlässigkeit, Reaktionsfähigkeit, Leistungskompetenz und Einfühlungsvermögen.

Die Wahl fiel schließlich auf das SERVQUAL-Modell, da es einen konkreten Praxisbezug hat und für Unternehmen mit vertretbarem Aufwand umsetzbar ist. Zudem hat eine Untersuchung von Dienstleistungsqualitätsmodellen verdeutlicht, dass eine Vielzahl von Modellen auf SERVQUAL basiert [12]. Für den Einsatz im IT-Umfeld erfolgten geringe Anpassungen des Kontextes der einzelnen Dimensionen, die ansonsten in der ursprünglichen Form mit den oben genannten zehn

Die Entstehung des Kriterienkatalogs

Dimensionen – und nicht in Zeithamls kompakter Variante – verwendet wurden (siehe Tabelle 3).

Tabelle 3: Qualitätsdimensionen des SERVQUAL-Modells und ihre Anpassung

Dimension	Definition SERVQUAL	Modifikation des itSMF
Materielles	Erscheinungsbild von Einrichtungen und Ausrüstungen sowie des Personals und der gedruckten Kommunikationsmittel	Erscheinungsbild von Einrichtungen, Ausrüstungen, des Personals und der Kommunikationsmittel
Zuverlässigkeit	Fähigkeit, den versprochenen Service verlässlich und präzise auszuführen	(keine Modifikation)
Entgegenkommen	Bereitschaft, Kunden zu helfen und sie prompt zu bedienen	Bereitschaft, Servicenehmern zu helfen und sie prompt zu bedienen
Kompetenz	Beherrschung des notwendigen beruflichen Könnens und Fachwissens zur Ausführung der Dienstleistung	(keine Modifikation)
Zuvorkommenheit	Höflichkeit und Freundlichkeit des Kontaktpersonals	(keine Modifikation)
Vertrauenswürdigkeit	Glaubwürdigkeit und Ehrlichkeit des Dienstleisters	Glaubwürdigkeit, Ehrlichkeit und Aufrichtigkeit des Dienstleisters
Sicherheit	Kunden nicht Zweifeln oder Eindrücken von Gefahren oder Risiken überlassen	Servicenehmer vor Zweifeln oder Eindrücken von Gefahren oder Risiken bewahren
Erreichbarkeit	Leichter Zugang zu Ansprechpartnern	(keine Modifikation)
Kommunikation	Den Kunden zuhören und sie in einer für Laien verständlichen Sprache informiert halten	Den Servicenehmern zuhören und sie in einer für sie verständlichen Sprache informiert halten
Kundenverständnis	Sich die Mühe machen, die Kunden und ihre Bedürfnisse kennenzulernen	Servicenehmer und ihre Bedürfnisse kennenlernen

Für den Umgang mit diesem Modell wurden vier Ebenen herausgearbeitet:
1. Dimension
2. Definition der Dimension
3. ein oder mehrere Merkmale der Dimension
4. ein oder mehrere zu operationalisierende Kriterien des Merkmals

Qualitätsmerkmale

In einem iterativen Prozess wurden sowohl für die Angebotserbringung (Phase I) als auch für die Leistungserbringung (Phase II) zu jeder Dimension Merkmale gesammelt, die über die Grenzen der Dimensionen hinweg gegeneinander abgegrenzt und einvernehmlich in ihrer Anzahl soweit verringert wurden, bis eine weitere Reduktion einen Bedeutungsverlust der Dimension zur Folge gehabt hätte. Ferner wurden die in Tabelle 3 festgelegten Definitionen der einzelnen Qualitätsdimensionen nochmals leicht überarbeitet. Im Ergebnis wurde folgendes Qualitätsmodell mit Definitionen und Merkmalen für die Angebots- (Phase I) und Leistungserbringung (Phase II) aufgestellt (siehe Tabelle 4).

Tabelle 4: Qualitätsdimensionen und -merkmale für die Phasen Angebots- und Leistungserbringung

Dimension	Definition der Dimension	Merkmale für die Angebotserbringung	Merkmale für die Leistungserbringung
Materielles	*Erscheinungsbild von Einrichtungen, Ausrüstungen, des Personals und der Kommunikationsmittel*	⇨ »Angenehmes« Erscheinungsbild des Servicegebers bei Erstellung und Abgabe des Angebots (Personal, Geschäftsräume, Infrastruktur und Arbeitsmittel) ⇨ Ansprechend gestaltete Informationsmedien ⇨ Zielgruppengerechte Aufbereitung des Angebots (sprachlich, Layout, Branche, Unternehmenshierarchie) ⇨ Vollständigkeit des Angebots (Unterlagen)	⇨ »Angenehmes« Erscheinungsbild des Servicegebers bei Erbringung des Services an den Schnitt-/Kontaktstellen zum Servicenehmer (Personal, Geschäftsräume, Infrastruktur und Arbeitsmittel) ⇨ Optisch ansprechend gestaltete Informationsmedien (z. B. Serviceberichte) ⇨ Zielgruppengerechte Aufbereitung der Informationsmedien (sprachlich, Layout, Format/gewähltes Informationsmedium, Branche, Unternehmensorganisation) ⇨ Vollständigkeit der Informationsmedien

Tabelle 4: Qualitätsdimensionen und -merkmale für die Phasen Angebots- und Leistungserbringung (Fortsetzung)			
Dimension	Definition der Dimension	Merkmale für die Angebotserbringung	Merkmale für die Leistungserbringung
Zuverlässigkeit	*Fähigkeit, den versprochenen Service verlässlich und präzise auszuführen*	⇨ Einhaltung vereinbarter Termine (Ausschreibungsfristen, Präsentationstermine etc.) ⇨ Einhaltung von Zusagen ⇨ Zeitnahe Klärung von Unklarheiten ⇨ Fehlerfreie Belege und Dokumente	⇨ Einhaltung vereinbarter Servicelevel ⇨ Einhaltung vereinbarter Termine (Umsetzungsfristen, Review-Termine, Reporting-Termine, Präsentationstermine etc.) ⇨ Einhaltung von Zusagen ⇨ Zeitnahe Klärung von Unklarheiten ⇨ Fehlerfreie Belege und Dokumente ⇨ Prozesskonformes Handeln

Tabelle 4: Qualitätsdimensionen und -merkmale für die Phasen Angebots- und Leistungserbringung (Fortsetzung)

Dimension	Definition der Dimension	Merkmale für die Angebotserbringung	Merkmale für die Leistungserbringung
Entgegenkommen	*Bereitschaft, Servicenehmern zu helfen, sie zu unterstützen und prompt zu bedienen*	⇨ Flexibilität in Bezug auf die Angebotsinhalte bei Abweichung vom Servicekatalog ⇨ Bereitschaft zu prompter Bedienung ⇨ Bereitschaft, auch außergewöhnliche Anfragen zu bearbeiten (auf Machbarkeit prüfen) ⇨ »Nie zu beschäftigt für den Servicenehmer« ⇨ Situatives Eingehen auf die Wünsche des Servicenehmers ⇨ Fähigkeit, flexibel auf geänderte Anforderungen des Servicenehmers reagieren zu können, auch außerhalb bereits vereinbarter Services	⇨ Flexibilität in Bezug auf die Serviceerbringung bei vom Servicenehmer gewünschter Abweichung vom SLA ⇨ Fähigkeit, flexibel auf geänderte Anforderungen des Servicenehmers reagieren zu können, auch außerhalb bereits vereinbarter Services ⇨ Prompte Bedienung ⇨ »Nie zu beschäftigt für den Servicenehmer«

Tabelle 4: Qualitätsdimensionen und -merkmale für die Phasen Angebots- und Leistungserbringung (Fortsetzung)

Dimension	Definition der Dimension	Merkmale für die Angebotserbringung	Merkmale für die Leistungserbringung
Kompetenz	Beherrschung von erforderlichem Fachwissen, Erfahrung und Fähigkeit zur Ausführung und Weiterentwicklung der Services	⇨ Aussagekräftigkeit der Referenzservicenehmer in Bezug zur Anfrage (Art, Anzahl, Aktualität, Inhalt, Umfang) ⇨ Professionalität in der Angebotserstellung (z. B. anforderungsgerecht) ⇨ Fachwissen zur Beantwortung von Anfragen des Servicenehmers ⇨ Personalqualifikation (z. B. Zertifikate, Fachausbildungen, Schulungen) ⇨ Darstellung von Mitarbeiterprofilen	⇨ Professionalität in der Leistungserbringung (z. B. anforderungsgerecht) ⇨ Fachwissen zur Beantwortung von Anfragen des Servicenehmers ⇨ Konstanz der Personalqualifikation (z. B. Zertifikate, Fachausbildungen, Schulungen) ⇨ Nachweis eines Service-Improvement-Programms (beinhaltet z. B. auch Schwachstellen identifizieren und aufzeigen) ⇨ Fähigkeit zur Steuerung eines zielgerichteten Eskalationsprozesses
Zuvorkommenheit	Höflichkeit und Freundlichkeit des Kontaktpersonals	⇨ Höfliches Verhalten ⇨ Gelebte Servicekultur ⇨ Hilfsbereitschaft	⇨ Höfliches Verhalten ⇨ Gelebte Servicekultur (z. B. situatives Eingehen auf die Wünsche des Servicenehmers) ⇨ Hilfsbereitschaft

Tabelle 4: Qualitätsdimensionen und -merkmale für die Phasen Angebots- und Leistungserbringung (Fortsetzung)

Dimension	Definition der Dimension	Merkmale für die Angebotserbringung	Merkmale für die Leistungserbringung
Vertrauenswürdigkeit	*Glaubwürdigkeit, Ehrlichkeit und Aufrichtigkeit des Dienstleisters*	⇨ Stimmigkeit von Angebot und Preis ⇨ Inhaltliche Stimmigkeit (z. B. Widerspruchsfreiheit) ⇨ Unaufgeforderte Weitergabe relevanter Informationen an den Servicenehmer ⇨ Integrität der Mitarbeiter ⇨ Loyales Verhalten im Umgang mit Servicenehmerdaten (z. B. Referenzservicenehmer) ⇨ Inhaltliche Stimmigkeit der Informationsquellen (z. B. Widerspruchsfreiheit) ⇨ Verständlichkeit und Nachvollziehbarkeit der Informationsquellen	⇨ Stimmigkeit von Services und Preis (z. B. Einhaltung finanzieller Zusagen) ⇨ Unaufgeforderte Weitergabe relevanter Informationen an den Servicenehmer ⇨ Integrität der Mitarbeiter ⇨ Loyales Verhalten im Umgang mit Servicenehmerdaten ⇨ Transparenz der Leistungserbringung

Tabelle 4: Qualitätsdimensionen und -merkmale für die Phasen Angebots- und Leistungserbringung (Fortsetzung)

Dimension	Definition der Dimension	Merkmale für die Angebotserbringung	Merkmale für die Leistungserbringung
Sicherheit	*Servicenehmer vor Gefahren und Risiken schützen*	⇨ Nachweis der Sicherheit der technischen Infrastruktur ⇨ Grad der Personenunabhängigkeit in der Ablauforganisation ⇨ Wirtschaftliche Nachhaltigkeit des Gebers ⇨ Nachweis der Einhaltung der relevanten gesetzlichen Bestimmungen ⇨ Nachweis eines wirksamen QM-Systems ⇨ Auswahl der Mitarbeiter anhand gesetzlich vorgeschriebener Kriterien z. B. Führungszeugnis	⇨ Kontinuierlicher Nachweis der Sicherheit der zur Leistungserbringung notwendigen Infrastruktur ⇨ Kontinuierlicher Nachweis der Einhaltung der Datenschutzbestimmung und weiterer relevanter Bestimmungen ⇨ Kontinuierlicher Nachweis eines aktiven Risk Managements ⇨ Kontinuierlicher Nachweis eines aktiven Security Managements ⇨ Kontinuierlicher Nachweis eines wirksamen QM-Systems

Die Entstehung des Kriterienkatalogs

Tabelle 4: Qualitätsdimensionen und -merkmale für die Phasen Angebots- und Leistungserbringung (Fortsetzung)

Dimension	Definition der Dimension	Merkmale für die Angebotserbringung	Merkmale für die Leistungserbringung
Erreichbarkeit	*Definierter Zugang zu Kommunikationspartnern/-kanälen*	⇨ Klar kommunizierte und festgelegte Ansprechpartner ⇨ Ansprechpartner stehen zur Verfügung ⇨ Klare Kommunikationswege (z. B. festgelegte Wege des Informationsabrufs, Medienspektrum) ⇨ Klare Befugnisse der Ansprechpartner ⇨ Ein zentraler Ansprechpartner (»Kümmerer«)	⇨ Klar kommunizierte und festgelegte Kommunikationspartner/-kanäle ⇨ Kommunikationspartner/-kanäle stehen gemäß den vertraglichen Vereinbarungen zur Verfügung ⇨ Klare Kommunikationswege (z. B. festgelegte Wege des Informationsabrufs, Medienspektrum, Eskalationswege) ⇨ Klare Befugnisse der Kommunikationspartner
Kundenverständnis	*Ausrichtung und Anpassung der Services an die Geschäftsanforderungen bzw. Bedürfnisse des Servicenehmers*	Proaktives Verhalten in der Abfolge Abweichung – Bedürfnis – Forderung des Servicenehmers ⇨ Positives Ergänzen von Sachverhalten im Sinne der Anforderungen des Servicenehmers ⇨ Schwachstellen beim Servicenehmer identifizieren und aufzeigen ⇨ Branchenkenntnis	⇨ Verständnis für die Geschäftsprozesse des Servicenehmers ⇨ Proaktives Verhalten bei Abweichung vom normalen Systembetrieb ⇨ Positives Ergänzen von Sachverhalten im Sinne der Anforderungen des Servicenehmers

Das Prozessmodell

Neben einem Qualitätsmodell muss auch noch ein geeignetes Prozessmodell festgelegt werden, um darauf basierend brauchbare Kennzahlen entwickeln zu können. Der Arbeitskreis hat sich bei der Entwicklung des Bewertungsmodells für IT-Servicequalität auf den De-facto-Standard ITIL und die darin beschriebenen IT-Service-Management-Prozesse festgelegt, da ITIL laut einer Umfrage der Hochschule Aalen in Kooperation mit dem *it*SMF das am häufigsten genutzte Referenzmodell in Deutschland ist [9].

Phase I: Angebotserbringung

In Phase I der Entwicklung eines Bewertungsmodells für IT-Servicequalität wurde zunächst die Sicht des Servicenehmers in der Angebotsphase eingenommen. Nach Auswahl des Qualitätsmodells, Definition der einzelnen Dimensionsmerkmale und mithilfe der ITIL-Prozesse konnte eine Matrix aufgespannt werden, auf deren Grundlage die zwei

ServQual		ITIL		
Dimensionen	Merkmale	Service Level Management	Service Desk	...
Materielles	...			
Entgegenkommen	...			
Kompetenz	...			
Zuvorkommenheit	...			
Zuverlässigkeit	...			
Vertrauenswürdigkeit	...			
Sicherheit	...			
Erreichbarkeit	...			
Kommunikation	...			
Kundenverständnis	...			

Abb. 10: *Kriterienmatrix aus Qualitätsdimensionen, -merkmalen und ITIL-Prozessen*

parallel arbeitenden Gruppen »ITIL-Matching« des Arbeitskreises die zu operationalisierenden Kriterien erarbeiteten (siehe Abb. 10).

Zur Erarbeitung der Kriterien wurden die einzelnen ITIL-Prozesse zuerst dahingehend untersucht, inwieweit sie den Servicenehmer betreffen. Dadurch sollten zunächst diejenigen Prozesse betrachtet werden, die der Servicenehmer am direktesten wahrnimmt und die somit auch für die Beurteilung der Servicequalität die größte Bedeutung haben.

Im nächsten Schritt wurde geprüft, ob das jeweilige Qualitätsmerkmal für den betrachteten Prozess eine Rolle spielt, um dann zur Konkretisierung dieses Merkmals für den Prozess überzugehen. Wichtige Fragestellungen in diesem Zusammenhang waren:
⇨ Was bedeutet das Qualitätsmerkmal im betrachteten ITIL-Prozess für den Servicenehmer?
⇨ Welches Kriterium ergibt sich bei Anpassung und Konkretisierung des Qualitätsmerkmals an den betrachteten ITIL-Prozess?

Alle Ergebnisse wurden miteinander abgeglichen, was eine Sammlung von ca. 240 Kriterien ergab. Im Anschluss wurden doppelte oder inhaltlich sehr nah beieinanderliegende Elemente entfernt. Nach der Betrachtung der einzelnen Prozesse in der Angebotsphase sind »nur« noch Kriterien übrig geblieben, die sich an der Kundenschnittstelle – »Service Level Management« und »Service Desk« – niederschlagen. In allen anderen Prozessen gibt es für die Angebotsphase keine weiteren Ergänzungen zu den dort gefundenen Kriterien.

Die erarbeiteten Kriterien wurden im Anschluss auf ihre *Messbarkeit* analysiert. Zu diesem Zweck fand eine Beurteilung der Kriterien hinsichtlich subjektiver und objektiver Messbarkeit statt, woraufhin alle subjektiven Kriterien aus dem Katalog entfernt wurden. Auch der Zeitpunkt der Messbarkeit der Kriterien wurde für die Beurteilung herangezogen. Zu diesem Zweck wurden zwei verschiedene Phasen unterschieden:

⇨ zum einen die *Ausschreibungsphase*, in der nach Servicegebern gesucht wird, die die gewünschte Dienstleistung erbringen können und denen man die Ausschreibung zukommen lassen möchte,
⇨ zum anderen die *Angebotsphase*, in der in erster Linie der Rücklauf der Ausschreibung beurteilt wird.

Die Kriterien wurden demnach dahingehend untersucht, ob sie sich in der Ausschreibungsphase, also »vorher«, erheben lassen oder erst in der Angebotsphase, also »nachher« (siehe Abb. 11)

Vorher	Nachher
Der Eintrag „vorher" innerhalb des Kriterienkataloges meint, in der Ausschreibungsphase ist eine Beurteilung des Kriteriums möglich.	Der Eintrag „nachher" innerhalb des Kriterienkataloges meint, in der Angebotsphase ist eine Beurteilung des Kriteriums möglich.
Ausschreibung	**Angebotsphase**
Ausschreibung meint Auswahl geeigneter Servicegeber im Sinne von „Wem wird die Ausschreibung zugeschickt?"	Die Angebotsphase umfasst in erster Linie die Beurteilung des Rücklaufs.

Abb. 11: *Zeitpunkt der Beurteilbarkeit*

Weitere Schritte, die nach Erhebung der Kriterien vorgenommen wurden, waren die Beurteilung der *Wichtigkeit* der Kriterien sowie die Beurteilung des Erhebungsaufwandes. Die Fragestellung in Zusammenhang mit der Wichtigkeit lautet: Ist das Kriterium aussagekräftig in Bezug auf die Beurteilung der Qualität einer IT-Dienstleistung? Die Beurteilung erfolgte auf einer Skala von 1 (= sehr wichtig) bis 3 (= unwichtig). Die Beurteilung des *Erhebungsaufwands* fand ebenfalls auf einer Skala von 1 (= wenig aufwendig) bis 3 (= sehr aufwendig) statt. Fragestellungen zur Beurteilung des Erhebungsaufwandes waren beispielsweise, ob sich die relevanten Daten zur Messung des Kriteriums aus einem System ablesen lassen oder ob Daten »händisch« erhoben werden müssen. Die Wichtigkeit und der Erhebungsaufwand spannen dabei ein Portfolio auf, wie es in Abbildung 12 dargestellt ist.

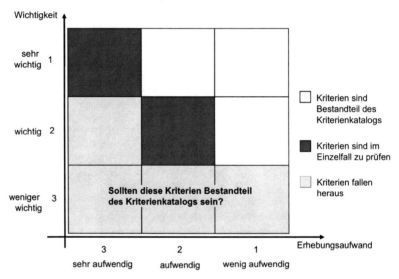

Abb. 12: *Portfolio Wichtigkeit – Erhebungsaufwand*

Weniger wichtige Kriterien wurden aus dem bis dahin entstandenen Kriterienkatalog gestrichen, um die Menge der Kriterien zu reduzieren. Auch sehr aufwendig zu erhebende Kriterien blieben nur dann Bestandteil des Kataloges, sofern sie von besonderer Wichtigkeit sind. Kriterien, die lediglich wichtig und aufwendig zu erheben sind, sowie Kriterien, die sehr aufwendig zu erheben sind und mit »sehr wichtig« beurteilt wurden, waren im Einzelfall dahingehend zu prüfen, ob sie Bestandteil des Kataloges bleiben sollten. Demgegenüber blieben alle

Kriterien innerhalb des oberen »Dreiecks« des Portfolios Bestandteil des Kataloges. Auf diese Weise ließ sich die Menge der Kriterien auf die relevantesten beschränken, um die Praktikabilität des Bewertungsmodells zu gewährleisten.

Zusätzlich fand eine Bewertung der Kriterien hinsichtlich ihrer *Auditierbarkeit* statt, da diese nicht von vornherein gleichzusetzen ist mit objektiver Beurteilbarkeit. Ein objektiv beurteilbares Kriterium muss nicht zwangsläufig auch für einen Auditor praktikabel sein. Die Gründe liegen darin, dass die für die Beurteilung benötigten Daten entweder nicht erhebbar sind oder nur mit unverhältnismäßig hohem Aufwand verfügbar gemacht werden können. Ein Kriterium ist nur dann auditierbar, wenn es sich mit wirtschaftlich angemessenem Aufwand durch eine neutrale Person erheben lässt. Aus diesem Grund wurde zusätzlich unterschieden zwischen auditierbaren und nicht-auditierbaren Kriterien.

Phase II: Leistungserbringung

In der Phase II wurden – analog zu dem vorher beschriebenen Verfahren – Kriterien für die Leistungserbringung basierend auf den in Tabelle 4 definierten Qualitätsmerkmalen entwickelt. Diese Phase umfasst alle Tätigkeiten und Anstrengungen eines Servicegebers während der Serviceerbringung.

In der Leistungserbringung haben sich dann auch aus den anderen ITIL-Prozessen, wie beispielsweise Change Management oder Availability und Capacity Management, wesentliche Kriterien ergeben.

Phase III: Bewertungsverfahren

Nach Festlegung der Kriterien für die Angebots- und Leistungserbringung wurden diese in Phase III kombiniert und in einen gemeinsamen Kriterienkatalog überführt. Bis zu diesem Zeitpunkt waren die Kriterien alle in einer Baumstruktur – nach oben beschriebenem Muster Dimension-(Definition)-Merkmal-Kriterium – sortiert. Mit dem Abschluss der Kriterienliste wurde dieses Muster aufgebrochen und die Kriterien so geordnet, wie sich eine Bewertung in einem Unternehmen

Die Entstehung des Kriterienkatalogs

sinnvoll und effizient durchführen lässt. Damit soll vermieden werden, dass gleiche Unternehmensbereiche mehrfach besucht werden müssen.

Ferner wurde in der Phase III das Bewertungsverfahren entwickelt, um die einzelnen Kriterien messbar zu machen. Anstelle einer Gewichtung der Kriterien hat sich der Arbeitskreis für eine Bewertung mithilfe eines fünfstufigen 100-Punktesystems entschieden. Dadurch wird es möglich, sowohl den Erfüllungsgrad abzuschätzen und zu bewerten als auch einen Reifegradansatz mit schrittweisen Verbesserungsmöglichkeiten zu unterstützen. Eine Gewichtung der Kriterien wäre hingegen subjektiv gewesen, wodurch der Wert der Qualitätsmessung sinken würde. Die Definition der relevanten Messkriterien sowie die Bewertung erfolgt aus Sicht des Servicenehmers.

Abschließend zeigt Abbildung 13, wie sich die insgesamt 122 Kriterien aus der Angebots- und Leistungserbringungphase auf die einzelnen Dimensionen des Qualitätsmodells verteilen. Die beiden Dimensionen Sicherheit und Zuverlässigkeit weisen dabei insgesamt

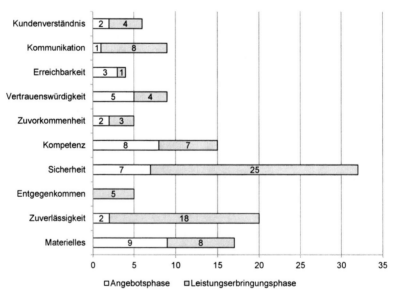

Abb. 13: *Verteilung der Kriterien auf die Dimensionen des Qualitätsmodells*

die meisten Kriterien auf, da sie für die Leistungserbringungsphase von besonderer Bedeutung sind und vom Servicenehmer besonders wahrgenommen werden.

Im Folgenden wird nun das zentrale Ergebnis dieser Arbeiten als zusammenfassender Kriterienkatalog, der die Bewertungsbasis bildet, dargestellt.

Literatur

[1] DONABEDIAN, A.: *Evaluating the Quality of Medical Care. The Milbank Memorial Fund Quarterly. Vol. XLIV, No. 3, Part. 2, 1966, S. 166–206*

[2] GRÖNROOS, C.: *Strategic Management and Marketing in the Service Sector. Cambridge, MA: Marketing Science Institute, 1983*

[3] GRÖNROOS C.; GUMMESSON E.: *Quality of Products and Services – A Tentative Synthesis Between Two Models. In: Surprenant, C. (Hrsg.): Add Value to Your Service. Chicago: American Marketing Association, 1987, S. 34 ff.*

[4] MARTINI, A.: *Suchen, Erfahren und Vertrauen in den »Moments of Truth«. Eine Analyse dynamischer Qualitätsbeurteilung bei professionellen Dienstleistungen am Beispiel von Bildungsleistungen. Dissertation am Fachbereich Wirtschaftswissenschaften der FU Berlin, 2008, S. 30 f.*

[5] MEFFERT, H.; BRUHN, M.: *Dienstleistungsmarketing: Grundlagen, Konzepte, Methoden; mit Fallstudien. 3. Aufl., Wiesbaden: Gabler, 2000, S. 229*

[6] MEYER, A.; MATTMÜLLER, R.: *Qualität von Dienstleistungen – Entwurf eines praxisorientierten Qualitätsmodells. In: Marketing ZFP Zeitschrift für Forschung und Praxis, 1987, 9. Jg., Nr. 3, S. 187–195*

[7] PARASURAMAN, A.; BERRY, L. L.; ZEITHAML, V. A.: *SERVQUAL: A Multiple-Item Scale For Measuring Consumer Perceptions of Service Quality. In: Journal of Retailing, Vol. 64, 1, 1988, S. 12–40*

[8] SCHMIDT, E.: *Qualität logistischer Dienstleistungen: Operationalisierung von Qualitätsmerkmalen, Qualitätsmanagement, Umweltgerechtigkeit. In: Unternehmensführung und Logistik, 11, Berlin, 1997, S. 92*

[9] SCHMIDT, R.: *IT-Service-Management – Aktueller Stand und Perspektiven für die Zukunft. 4. itSMF-Kongress in Hamburg, 2004, S. 26. Online unter: http://www.itsmf.de/fileadmin/dokumente/Presse/Auswertung_ITIL-Studie.pdf (abgerufen am 18.02.2011)*

[10] SETH, N.; DESHMUKH, S. G.; VRAT, P.: *Service quality models: A review. International Journal of Quality & Reliability Management, 22(9), 2005, S. 913–949*

[11] STEFFEN, D.: *Die Potenzialqualität von Dienstleistungen – Konzeptualisierung und empirische Prüfung. Wiesbaden: Gabler Verlag, 2006.*

[12] WILD, P.: *Quality-oriented IT Service Management – A theoretical approach towards high-quality IT services. In: Praeg, C.-P.; Spath, D. (Hrsg.): Quality Management for IT Services: Perspectives on Business and Process Performance. Hershey: IGI Global, Januar 2011, S. 111*

[13] ZOLLONDZ, H.-D.: *Grundlagen Qualitätsmanagement: Einführung in Geschichte, Begriffe, Systeme und Konzepte. 2., vollst. überarb. und erw. Auflage. München, Wien: Oldenbourg, 2006, S. 178*

Der Kriterienkatalog

Im Folgenden werden die Kriterien als Katalog in den nachstehenden 7 Bewertungskategorien zur Gruppierung aufgeführt:
1. Thematische und formale Anforderungen an Angebote
2. Vertrag/Vereinbarung
3. Mitarbeiter
4. Nachhaltigkeit/Sicherheit
5. Leistungserbringung
6. Kommunikation zwischen Servicegeber und Servicenehmer
7. Notfallmanagement

Jedem Kriterium wird ein Ziel, eventuelle Hinweise, Hilfsmittel sowie eine Messgröße und ein entsprechendes Messverfahren zugeordnet. Außerdem wird für jedes Kriterium ein Bewertungssystem mithilfe eines fünfstufigen 100-Punktesystems angegeben, um eine Abschätzung und Bewertung des Erfüllungsgrades zu ermöglichen.

1 Thematische und formale Anforderungen an Angebote

1.1 Leistungsbeschreibungen

Kriterium 001	1.1.1	Im Angebot ist eine angebotsspezifische Leistungsbeschreibung enthalten.	
Ziel:		Die Leistungsbeschreibungen werden an die Angebote angepasst.	
Messgröße:		AL_L = Im Angebot ist eine angebotsspezifische Leistungsbeschreibung enthalten.	
Messverfahren:		Die Messgröße AL_L wird ermittelt, indem stichprobenartig das Vorhandensein einer angebotsspezifischen Leistungsbeschreibung überprüft wird.	
Hilfsmittel:		Angebote	
Bewertung			
			___ Punkte
Abschätzung und Bewertung des Erfüllungsgrades			
Eine angebotsspezifische Leistungsbeschreibung konnte in der Stichprobe...			
O	nicht in allen Angeboten nachgewiesen werden.		0 Punkte
O			25 Punkte
O			50 Punkte
O			75 Punkte
O	in allen Angeboten nachgewiesen werden.		100 Punkte

Kriterium 002	1.1.2	Die Preisliste des Servicegebers gibt das Preisniveau der Angebote wieder.
Ziel:		Der Servicegeber soll mit Standardpreisen operieren und diese sollen in der Preisliste reflektiert sein.
Messgröße:		AL_p = Es ist zum Zeitpunkt des Audits eine Preisliste für die angebotenen IT-Dienstleistungen vorhanden und in 80 % der überprüften Angebote finden sich diese Preise mit einer zulässigen Abweichung von 5 % wieder.
Messverfahren:		Die Messgröße AL_p wird ermittelt, indem zum Zeitpunkt des Audits eine Preisliste für die angebotenen IT-Dienstleistungen vorgelegt werden kann und anhand der vorgelegten Angebote überprüft wird, ob die in der Preisliste genannten Preise verwendet wurden, ohne dabei um mehr als 5 % (x < 5) abzuweichen. Ist die Abweichung größer als 5% (x ≥ 5), gilt die Preisliste als nicht angewendet.
Hilfsmittel:		Preisliste und Angebote

Bewertung	
	___ Punkte

Abschätzung und Bewertung des Erfüllungsgrades

Eine Preisliste für die angebotenen IT-Dienstleistungen ist zum Zeitpunkt des Audits...

O	nicht vorhanden.	0 Punkte
O		25 Punkte
O	vorhanden, aber in weniger als 80 % (x < 80) der überprüften Angebote kommt sie zur Anwendung.	50 Punkte
O		75 Punkte
O	vorhanden und in mindestens 80 % (x ≥ 80) der überprüften Angebote kommt sie zur Anwendung.	100 Punkte

Der Kriterienkatalog

Kriterium 003	1.1.3	Die Preisbildung innerhalb des Angebotes ist nachvollziehbar.
Ziel:		Die Margen sollen nicht offen gelegt werden, sondern der Zusammenhang zwischen der Angebotsleistung, dem Servicekatalog und der Preisliste muss nachvollziehbar sein.
Messgröße:		AL_N = Die im Angebot dokumentierte Preisbildung ist nachvollziehbar.
Messverfahren:		Die Messgröße AL_N wird ermittelt, indem geprüft wird, ob ⇨ die Leistungen in Leistungsbestandteile aufgegliedert sind, ⇨ die angegebenen Preise sich auf die Leistungsbestandteile beziehen, ⇨ die Preise im Angebot sich auf den Servicekatalog und die Preisliste zurückführen lassen, ⇨ ein durchgehender Abstraktionsgrad bei der Erläuterung des Preises eingehalten wurde, ⇨ alle Preisangaben im Angebot logisch korrekt sind. ⇨ Die Preisbildung ist dabei frei von Rechenfehlern.
Hilfsmittel:		Angebote

Bewertung	
	___ Punkte

Abschätzung und Bewertung des Erfüllungsgrades

Die Preisbildung...

O	ist nicht nachvollziehbar.	0 Punkte
O		25 Punkte
O		50 Punkte
O		75 Punkte
O	ist nachvollziehbar im Sinne der oben aufgeführten Punkte.	100 Punkte

Kriterium 004	1.1.4	Innerhalb des Angebotes werden die von ITIL geforderten Inhalte eines SLA (Service Level Agreement) eingehalten.
Ziel:		Alle von ITIL geforderten Inhalte eines SLA werden vom Servicegeber in den Angeboten eingehalten.
Messgröße:		AL_I = In den vorgelegten Angeboten sind die nach ITIL geforderten Inhalte eines SLA (Service Level Agreement) enthalten.
Messverfahren:		Die Messgröße AL_I wird stichprobenartig ermittelt, indem das Vorhandensein der von ITIL geforderten Inhalte eines SLA anhand der vorgelegten Angebote geprüft wird. Die geforderten Inhalte umfassen u. a.: ⇨ Servicebeschreibung, ⇨ Servicezeiten bzw. -dauer, ⇨ geplante Servicelevel, ⇨ Reports über die erbrachten Servicelevel, ⇨ Ansprechpartner im Falle eines Fehlers, ⇨ Vertragsänderungsprozess.
Hilfsmittel:		Angebote

Bewertung	
	___ Punkte

Abschätzung und Bewertung des Erfüllungsgrades

Die von ITL geforderten Inhalte eines SLA sind in vollem Umfang in...

O	0 bis 25 % ($0 \leq x < 25$) der überprüften Angebote vorhanden.	0 Punkte
O	25 bis 50 % ($25 \leq x < 50$) der überprüften Angebote vorhanden.	25 Punkte
O	50 bis 75 % ($50 \leq x < 75$) der überprüften Angebote vorhanden.	50 Punkte
O	75 bis 100 % ($75 \leq x < 100$) der überprüften Angebote vorhanden.	75 Punkte
O	100 % ($x = 100$) der überprüften Angebote vorhanden.	100 Punkte

Der Kriterienkatalog

Kriterium 005	1.1.5	Im Angebot liegen keine mitarbeitergebundenen Definitionen von Serviceleistungen vor.
Ziel:		Die Leistungserbringung ist unabhängig von einzelnen Mitarbeitern.
Messgröße:		AL_M = Es kann nachgewiesen werden, dass keine im Angebot beschriebene Leistung mitarbeitergebunden definiert ist, es sei denn, dies war nachweislich ausdrücklich vonseiten des Servicenehmers erwünscht.
Messverfahren:		Die Messgröße AL_M wird stichprobenartig ermittelt, indem die in den Angeboten enthaltenen Leistungsbeschreibungen auf mitarbeitergebundene Definitionen untersucht werden. Eine mitarbeitergebundene Definition liegt vor, wenn ein Mitarbeiter namentlich genannt wird. Ausnahmen liegen vor, wenn nachweislich ausdrücklich vonseiten des Servicenehmers eine mitarbeiterbezogene Definition erwünscht war.
Hilfsmittel:		Angebote
Bewertung		
		__ Punkte

Abschätzung und Bewertung des Erfüllungsgrades

O	Die Angebote sind nicht frei von mitarbeiterspezifischen Definitionen.	0 Punkte
O		25 Punkte
O		50 Punkte
O		75 Punkte
O	Die Angebote sind frei von mitarbeiterspezifischen Definitionen.	100 Punkte

1.2 Weitere Angebotsinhalte

Kriterium 006	1.2.1	Im Angebot ist ein Management Summary enthalten.
Ziel:		Das Management Summary ist Bestandteil eines komplexen Angebotes.
Messgröße:		AA_M = In den vorgelegten komplexen Angeboten ist ein Management Summary vorhanden.
Messverfahren:		Die Messgröße AA_M wird stichprobenartig ermittelt, indem das Vorhandensein eines Management Summary anhand komplexer Angebote geprüft wird.
Hilfsmittel:		Komplexe Angebote (komplex heißt, ein Manager benötigt mehr als 5 Minuten, um Angebot nachvollziehen zu können)
Bewertung		
		___ Punkte
Abschätzung und Bewertung des Erfüllungsgrades		
Ein Management Summary konnte in der Stichprobe...		
○	für 0 bis 25 % (0 ≤ x < 25) der überprüften Angebote vorgelegt werden.	0 Punkte
○	für 25 bis 50 % (25 ≤ x < 50) der überprüften Angebote vorgelegt werden.	25 Punkte
○	für 50 bis 75 % (50 ≤ x < 75) der überprüften Angebote vorgelegt werden.	50 Punkte
○	für 75 bis 100 % (75 ≤ x < 100) der überprüften Angebote vorgelegt werden.	75 Punkte
○	für 100 % (x = 100) der überprüften Angebote vorgelegt werden.	100 Punkte

Kriterium 007	1.2.2	Im Angebot ist eine Darstellung des Servicegebers enthalten.
Ziel:		Die Darstellung des Servicegebers ist Bestandteil der Angebote, die aufgrund von Ausschreibungen erstellt werden.
Messgröße:		AA_D = In den vorgelegten Angeboten ist eine Darstellung des Servicegebers enthalten.
Messverfahren:		Die Messgröße AA_D wird stichprobenartig ermittelt, indem das Vorhandensein einer Darstellung des Servicegebers anhand der vorgelegten Angebote geprüft wird.
Hilfsmittel:		Angebote, die aufgrund von Ausschreibungen erstellt wurden.

Bewertung	
	___ Punkte

Abschätzung und Bewertung des Erfüllungsgrades

Eine Darstellung des Servicegebers ist in...

O	0 bis 25 % ($0 \leq x < 25$) der überprüften Angebote vorhanden.	0 Punkte
O	25 bis 50 % ($25 \leq x < 50$) der überprüften Angebote vorhanden.	25 Punkte
O	50 bis 75 % ($50 \leq x < 75$) der überprüften Angebote vorhanden.	50 Punkte
O	75 bis 100 % ($75 \leq x < 100$) der überprüften Angebote vorhanden.	75 Punkte
O	100 % ($x = 100$) der überprüften Angebote vorhanden.	100 Punkte

Kriterium 008	1.2.3	Im Angebot ist eine servicenehmergerechte Situationsbeschreibung enthalten.
Ziel:		Der Servicegeber hat die Situation des Servicenehmers erfasst und gibt diese im Angebot wieder, die aufgrund einer Ausschreibung erstellt werden.
Messgröße:		AA_S = In den vorgelegten Angeboten ist eine servicenehmergerechte Situationsbeschreibung vorhanden.
Messverfahren:		Die Messgröße AA_S wird stichprobenartig ermittelt, indem das Vorhandensein einer servicenehmergerechten Situationsbeschreibung anhand der Angebote geprüft wird.
Hilfsmittel:		Angebote, die aufgrund von Ausschreibungen erstellt wurden.

Bewertung	
	___ Punkte

	Abschätzung und Bewertung des Erfüllungsgrades	
	Eine servicenehmergerechte Situationsbeschreibung ist in...	
O	0 bis 25 % ($0 \leq x < 25$) der überprüften Angebote vorhanden.	0 Punkte
O	25 bis 50 % ($25 \leq x < 50$) der überprüften Angebote vorhanden.	25 Punkte
O	50 bis 75 % ($50 \leq x < 75$) der überprüften vorhanden.	50 Punkte
O	75 bis 100 % ($75 \leq x < 100$) der überprüften Angebote vorhanden.	75 Punkte
O	100 % ($x = 100$) der überprüften Angebote vorhanden.	100 Punkte

Der Kriterienkatalog

Kriterium 009	1.2.4	Im Angebot wird der Servicenehmer durch den Servicegeber auf Risiken hingewiesen.
Ziel:		Risiken für den Servicenehmer sind Bestandteil des Angebotes.
Messgröße:		AA_R = Im Angebot existiert eine Passage, in der der Servicenehmer auf Risiken hingewiesen wird, die in Bezug zu den angebotenen Leistungen stehen.
Messverfahren:		Die Messgröße AA_R wird stichprobenartig ermittelt, indem die vorgelegten Angebote dahingehend überprüft werden, ob ⇨ eine Passage zum Thema Risiken innerhalb des Angebotes vorhanden ist und ⇨ die in dieser Passage erwähnten Risiken in Bezug zu den angebotenen Leistungen stehen.
Hilfsmittel:		Angebote

Bewertung	
	___ Punkte

Abschätzung und Bewertung des Erfüllungsgrades

Eine Passage zum Thema Risiken ist in...

O	keinem der Angebote enthalten.	0 Punkte
O	0 bis 50 % (0 < x < 50) der überprüften Angebote vorhanden und die Risiken stehen in Bezug zu den angebotenen Service-Leistungen.	25 Punkte
O	50 bis 75 % (50 ≤ x < 75) der überprüften Angebote vorhanden und die Risiken stehen in Bezug zu den angebotenen Service-Leistungen.	50 Punkte
O	75 bis 100 % (75 ≤ x < 100) der überprüften Angebote vorhanden und die Risiken stehen in Bezug zu den angebotenen Service-Leistungen.	75 Punkte
O	100 % (x = 100) der überprüften Angebote vorhanden und die Risiken stehen in Bezug zu den angebotenen Service-Leistungen.	100 Punkte

Kriterium 010	1.2.5	Im Angebot wird der Servicenehmer durch den Servicegeber auf Voraussetzungen und Rahmenbedingungen des Angebotes hingewiesen.
Ziel:		Voraussetzungen und Rahmenbedingungen der Serviceerbringung sind im Angebot enthalten.
Messgröße:		AA_V = Im Angebot existiert eine Passage, in der der Servicenehmer auf Voraussetzungen und Rahmenbedingungen hingewiesen wird, unter denen das Angebot gilt.
Messverfahren:		Die Messgröße AA_V wird stichprobenartig ermittelt, indem die vorgelegten Angebote dahingehend überprüft werden, ob eine Passage zum Thema ⇨ Voraussetzungen und ⇨ Rahmenbedingungen innerhalb des Angebotes vorhanden ist.
Hilfsmittel:		Angebote
Bewertung		
		___ Punkte

Abschätzung und Bewertung des Erfüllungsgrades

Eine Passage zum Thema Voraussetzungen und Rahmenbedingungen...

O	ist nicht in allen Angeboten enthalten.	0 Punkte
O		25 Punkte
O		50 Punkte
O		75 Punkte
O	ist in allen überprüften Angeboten vorhanden.	100 Punkte

Der Kriterienkatalog

Kriterium 011	1.2.6	Im Angebot wird dargelegt, wie mit den Daten des Servicenehmers umgegangen wird.
Ziel:		Der Umgang mit Daten des Servicenehmers ist Bestandteil des Angebotes.
Messgröße:		AA_U = Im Angebot ist eine Passage enthalten, in der der Umgang mit den Daten des Servicenehmers dargestellt wird.
Messverfahren:		Die Messgröße AA_U wird stichprobenartig ermittelt, indem die vorgelegten Angebote dahingehend überprüft werden, ob eine Passage enthalten ist, in der der Umgang mit den Servicenehmerdaten dargestellt wird.
Hilfsmittel:		Angebote
Bewertung		
		___ Punkte

Abschätzung und Bewertung des Erfüllungsgrades

Eine Passage, in der der Umgang mit den Daten des Servicenehmers dargestellt wird,...

O	ist nicht in allen überprüften Angeboten enthalten.	0 Punkte
O		25 Punkte
O		50 Punkte
O		75 Punkte
O	ist in allen überprüften Angeboten enthalten.	100 Punkte

Kriterium 012	1.2.7	Im Angebot ist eine Gültigkeitsfrist enthalten.
Ziel:		Die Gültigkeitsfrist des Angebotes ist für den Servicenehmer erkennbar.
Messgröße:		AA_G = In den vorgelegten Angeboten ist eine Gültigkeitsfrist enthalten.
Messverfahren:		Die Messgröße AA_G wird stichprobenartig ermittelt, indem das Vorhandensein einer Gültigkeitsfrist anhand der vorgelegten Angebote geprüft wird.
Hilfsmittel:		Angebote

Bewertung	
	___ Punkte

Abschätzung und Bewertung des Erfüllungsgrades

Eine Gültigkeitsfrist ist in...

O	0 bis 25 % (0 ≤ x < 25) der überprüften Angebote vorhanden.	0 Punkte
O	25 bis 50 % (25 ≤ x < 50) der überprüften Angebote vorhanden.	25 Punkte
O	50 bis 75 % (50 ≤ x < 75) der überprüften Angebote vorhanden.	50 Punkte
O	75 bis 100 % (75 ≤ x < 100) der überprüften Angebote vorhanden.	75 Punkte
O	100 % (x = 100) der überprüften Angebote vorhanden.	100 Punkte

Kriterium 013	1.2.8	Wenn in Ausschreibungen Referenzen erbeten werden, dann sind diese im Angebot enthalten.
Ziel:		Wenn es vom Servicegeber erwartet wird, sind seine Referenzen im Angebot enthalten, um dem Servicenehmer die Expertise des Servicegebers zu vermitteln.
Messgröße:		AA_E = In den vorgelegten Angeboten sind Referenzen enthalten.
Messverfahren:		Die Messgröße AA_E wird stichprobenartig ermittelt, indem das Vorhandensein von Referenzen anhand der Angebote geprüft wird.
Hilfsmittel:		Angebote aufgrund von Ausschreibungen mit Anfrage nach Referenzen

Bewertung	
	___ Punkte

Abschätzung und Bewertung des Erfüllungsgrades

Referenzen sind in...

O	0 bis 25 % ($0 \leq x < 25$) der überprüften Angebote vorhanden.	0 Punkte
O	25 bis 50 % ($25 \leq x < 50$) der überprüften Angebote vorhanden.	25 Punkte
O	50 bis 75 % ($50 \leq x < 75$) der überprüften Angebote vorhanden.	50 Punkte
O	75 bis 100 % ($75 \leq x < 100$) der überprüften Angebote vorhanden.	75 Punkte
O	100 % ($x = 100$) der überprüften Angebote vorhanden.	100 Punkte

Kriterium 014	1.2.9	Im Angebot aufgrund von Ausschreibungen sind Informationen über Mitarbeiterqualifikationen enthalten.
Ziel:		Informationen über Mitarbeiterqualifikationen des Servicegebers sind Bestandteil des Angebotes.
Messgröße:		AA_p = In den vorgelegten Angeboten sind die Profile der Mitarbeiter enthalten, die für die Dienstleistungserbringung infrage kommen.
Messverfahren:		Die Messgröße AA_p wird stichprobenartig ermittelt, indem das Vorhandensein von Mitarbeiterqualifikationen, die für die Dienstleistungserbringung infrage kamen, anhand der vorgelegten Angebote geprüft wird.
Hilfsmittel:		Angebote aufgrund von Ausschreibungen

Bewertung	
	___ Punkte
Abschätzung und Bewertung des Erfüllungsgrades	
Mitarbeiterprofile sind in...	
○ 0 bis 25 % (0 ≤ x < 25) der überprüften Angebote vorhanden.	0 Punkte
○ 25 bis 50 % (25 ≤ x < 50) der überprüften Angebote vorhanden.	25 Punkte
○ 50 bis 75 % (50 ≤ x < 75) der überprüften Angebote vorhanden.	50 Punkte
○ 75 bis 100 % (75 ≤ x < 100) der überprüften Angebote vorhanden.	75 Punkte
○ 100 % (x = 100) der überprüften Angebote vorhanden.	100 Punkte

1.3 Referenzen

Kriterium 015	1.3.1	Der in den Referenzen angegebene Servicenehmer passt zur angebotenen Leistung und zur Branche des anfragenden Servicenehmers.
Ziel:		Die in den Angeboten enthaltenen Referenzen sind auf den Servicenehmer und die im Angebot enthaltenen Leistungen abgestimmt.
Messgröße:		AR_L = Die Art der in den Referenzen angegebenen Servicenehmer passt in Bezug auf die Branche zu der im Angebot vorliegenden Leistung.
Messverfahren:		Die Messgröße AR_L wird stichprobenartig ermittelt, indem in den vorgelegten Angeboten geprüft wird, ob die im Angebot aufgeführten Referenzen in Bezug auf 1. die Art der angebotenen Leistungen, 2. den Inhalt der angebotenen Leistungen, 3. den Umfang der angebotenen Leistungen, 4. die Branche des anfragenden Servicenehmers, 5. die Anzahl der angebotenen Leistungen passen und 6. aktuell sind (d. h. nicht älter als 3 Jahre ausgehend vom Angebotsdatum).
Hilfsmittel:		Angebote aufgrund von Ausschreibungen mit Referenzanfrage

Bewertung	
	___ Punkte

Abschätzung und Bewertung des Erfüllungsgrades

Für 80 % (x ≥ 80) der überprüften Angebote treffen folgende Aussagen zu:

O	In keinem Angebot wird einer der sechs Punkte erfüllt.	0 Punkte
O		25 Punkte
O	Die in den Angeboten angegebenen Referenzen erfüllen drei der zu prüfenden Punkte.	50 Punkte
O		75 Punkte
O	Die in den Angeboten angegebenen Referenzen erfüllen alle sechs der zu prüfenden Punkte.	100 Punkte

Kriterium 016	1.3.2	Zu dem Angebot sind Empfehlungsschreiben und/oder Success Stories kurzfristig verfügbar.
Ziel:		Die Expertise des Servicegebers kann auch durch Empfehlungsschreiben und Success Stories im Angebot deutlich gemacht werden.
Messgröße:		AR_S = In den vorgelegten Angeboten sind Empfehlungsschreiben und/oder Success Stories enthalten.
Messverfahren:		Die Messgröße AR_S wird stichprobenartig nachgewiesen, indem in den vorgelegten Angeboten geprüft wird, ob Empfehlungsschreiben und/oder Success Stories vorliegen.
Hilfsmittel:		Angebote
Bewertung		
		___ Punkte

Abschätzung und Bewertung des Erfüllungsgrades

Empfehlungsschreiben und/oder Success Stories liegen in...

O	0 bis 25 % (0 ≤ x < 25) der überprüften Angebote vor.	0 Punkte
O	25 bis 50 % (25 ≤ x < 50) der überprüften Angebote vor.	25 Punkte
O	50 bis 75 % (50 ≤ x < 75) der überprüften Angebote vor.	50 Punkte
O	75 bis 100 % (75 ≤ x < 100) der überprüften Angebote vor.	75 Punkte
O	allen Angeboten (x = 100 %) vor.	100 Punkte

Kriterium 017	1.3.3	Es können langfristige Beziehungen zu der Gesamtheit der Referenz-Servicenehmer nachgewiesen werden.
Ziel:		Die Qualität der Referenzen wird durch langfristige Beziehungen zu der Gesamtheit der Referenz-Servicenehmer verdeutlicht.
Messgröße:		AR_B = Im Durchschnitt besteht mehr als ein Vertrag pro Referenz-Servicenehmer unter Berücksichtigung der jeweiligen Laufzeit.
Messverfahren:		Die Messgröße AR_B wird stichprobenartig ermittelt, ob mehr als ein Vertrag pro Referenz-Servicenehmer besteht.
Hilfsmittel:		Liste der Referenz-Servicenehmer, Verträge mit Referenz-Servicenehmern

Bewertung	
	___ Punkte

Abschätzung und Bewertung des Erfüllungsgrades

Mehr als ein Vertrag besteht bei...

O	keinem der überprüften Referenz-Servicenehmer.	0 Punkte
O	0 bis 25 % (0 < x < 25) der überprüften Referenz-Servicenehmer.	25 Punkte
O	25 bis 50 % (25 ≤ x < 50) der überprüften Referenz-Servicenehmer.	50 Punkte
O	50 bis 75 % (50 ≤ x < 75) der überprüften Referenz-Servicenehmer.	75 Punkte
O	75 bis 100 % (75 ≤ x ≤ 100) der überprüften Referenz-Servicenehmer.	100 Punkte

1.4 Verständlichkeit des Angebotes

Kriterium 018	1.4.1	Innerhalb des Angebotes liegt eine einheitliche Terminologie vor.
Ziel:		Die Verständlichkeit des Angebotes wird durch eine einheitliche Terminologie erhöht.
Messgröße:		AV_T = Innerhalb des Angebotes liegt eine einheitliche Terminologie vor.
Messverfahren:		Die Messgröße AV_T wird stichprobenartig ermittelt, indem in den vorgelegten Angeboten die Terminologie in verschiedenen Angebotsteilen überprüft wird.
Bewertung		
		___ Punkte
Abschätzung und Bewertung des Erfüllungsgrades		
Eine einheitliche Terminologie kann innerhalb der Stichprobe...		
○	für 0 bis 25 % (0 ≤ x < 25) der überprüften Angebote nachgewiesen werden.	0 Punkte
○	für 25 bis 50 % (25 ≤ x < 50) der überprüften Angebote nachgewiesen werden.	25 Punkte
○	für 50 bis 75 % (50 ≤ x < 75) der überprüften Angebote nachgewiesen werden.	50 Punkte
○	für mehr als 75 % (75 ≤ x < 100) der überprüften Angebote nachgewiesen werden.	75 Punkte
○	für alle (x = 100) überprüften Angebote nachgewiesen werden.	100 Punkte

Der Kriterienkatalog

Kriterium 019	1.4.2	Abkürzungen werden nur nach vorheriger Erklärung und mit vorhandenem Abkürzungsverzeichnis verwendet.
Ziel:		Die Verständlichkeit des Angebotes wird durch die Erklärung von Abkürzungen und ein zusammenfassendes Abkürzungsverzeichnis erhöht.
Messgröße:		AV_A = Es werden nur Abkürzungen verwendet, die deutlich erkennbar vorher erläutert wurden und sich im Abkürzungsverzeichnis befinden.
Messverfahren:		Die Messgröße AV_A wird ermittelt, indem in den Angeboten geprüft wird, ob ein Abkürzungsverzeichnis vorhanden ist und Abkürzungen deutlich kenntlich im Fließtext erklärt werden.

Bewertung	
	___ Punkte

Abschätzung und Bewertung des Erfüllungsgrades

Ein Abkürzungsverzeichnis...

O	ist nicht in allen Angeboten enthalten.	0 Punkte
O		25 Punkte
O	ist in allen Angeboten enthalten.	50 Punkte
O		75 Punkte
O	ist in allen Angeboten enthalten und Abkürzungen werden deutlich kenntlich im Fließtext erklärt.	100 Punkte

Kriterium 020	1.4.3	Im Angebot ist ein angebotsrelevantes Glossar enthalten.
Ziel:		Die Verständlichkeit des Angebotes wird durch ein Glossar erhöht. Das Glossar enthält die für das Angebot relevanten Begrifflichkeiten.
Messgröße:		AV_L = In den vorgelegten Angeboten ist ein für das Angebot relevantes Glossar enthalten.
Messverfahren:		Die Messgröße AV_L wird stichprobenartig ermittelt, indem das Vorhandensein eines für das Angebot relevanten Glossars anhand der vorgelegten Angebote geprüft wird.
Hilfsmittel:		Angebote
Bewertung		
		___ Punkte

Abschätzung und Bewertung des Erfüllungsgrades

Ein für das Angebot relevantes Glossar ist in...

O	0 bis 25 % ($0 \leq x < 25$) der überprüften Angebote vorhanden.	0 Punkte
O	25 bis 50 % ($25 \leq x < 50$) der überprüften Angebote vorhanden.	25 Punkte
O	50 bis 75 % ($50 \leq x < 75$) der überprüften Angebote vorhanden.	50 Punkte
O	75 bis 100 % ($75 \leq x < 100$) der überprüften Angebote vorhanden.	75 Punkte
O	100 % ($x = 100$) der überprüften Angebote vorhanden.	100 Punkte

Der Kriterienkatalog

Kriterium 021	1.4.4	Alle Belege und Dokumente innerhalb des Angebotes sind sprachlich korrekt.
Ziel:		Die Verständlichkeit des Angebotes wird durch korrekte Belege und Dokumente erhöht.
Messgröße:		AV_B = Es kann nachgewiesen werden, dass die Belege und Dokumente innerhalb des Angebotes sprachlich korrekt sind.
Messverfahren:		Die Messgröße AV_B wird stichprobenartig überprüft. Dabei werden die Belege und Dokumente innerhalb der Angebote stichprobenartig dahingehend überprüft, ob ⇨ Rechtschreibfehler vorliegen, ⇨ grammatikalische Fehler vorliegen, ⇨ keine Semantikfehler vorliegen. Belege und Dokumente werden dann als sprachlich korrekt bewertet, wenn keiner der genannten Fehler vorhanden ist.
Hilfsmittel:		Angebote

Bewertung	
	___ Punkte
Abschätzung und Bewertung des Erfüllungsgrades	
○ 0-80 % (0 ≤ x < 80) der Belege und Dokumente sind sprachlich korrekt.	0 Punkte
○	25 Punkte
○ 80-100 % (80 ≤ x < 100) der Belege und Dokumente sind sprachlich korrekt.	50 Punkte
○	75 Punkte
○ 100 % (x = 100) der Belege und Dokumente sind sprachlich korrekt.	100 Punkte

Kriterium 022	1.4.5	Die im Angebot/Angebotsprozess verwendeten Informationsmedien sind aktuell.
Ziel:		Die im Angebot und im Angebotsprozess verwendeten Informationsmedien sind aktuell.
Messgröße:		AV_I = Die im Angebot/Angebotsprozess verwendeten Informationsmedien sind nicht älter als 6 Monate.
Messverfahren:		Die Messgröße AV_I wird ermittelt, indem das Datum der zum Zeitpunkt des Audits zur Verfügung stehenden Informationsmedien mit dem Datum des Audits abgeglichen wird. Dabei können z. B. folgende Informationsmedien überprüft: ⇨ Unternehmensbroschüren, ⇨ Flyer, ⇨ weitere Printmedien, ⇨ Homepage etc.
Hilfsmittel:		Unternehmensbroschüren, Flyer, weitere Printmedien, Homepage
Bewertung		
		___ Punkte

Abschätzung und Bewertung des Erfüllungsgrades

Die Informationsmedien sind...

O	älter als 2 Jahre (x > 2 Jahre).	0 Punkte
O	zwischen 1,5 Jahren und 2 Jahren alt (1,5 < x ≤ 2).	25 Punkte
O	zwischen 1 Jahr und 1,5 Jahren alt (1 < x ≤ 1,5).	50 Punkte
O	zwischen 6 Monate und 1 Jahr alt (0,5 < x ≤ 1).	75 Punkte
O	nicht älter als 6 Monate (x ≤ 0,5) und es gibt einen Verantwortlichen für die Aktualität der Informationsmedien.	100 Punkte

2 Vertrag/Vereinbarung

2.1 Allgemeines

Kriterium 023	2.1.1	Der Servicegeber erbringt seine Leistungen vereinbarungsgemäß.
Ziel:		Prüfung, ob der Servicegeber seine Vereinbarungen einhält.
Hinweise:		Kundenzufriedenheitsbefragung
Messgröße:		VL_v = Vereinbarungserfüllung (indirekt über Kennzahlenerfüllung und Kundenzufriedenheit)
Messverfahren:		Die Messgröße VL_v wird ermittelt, indem ⇨ wenn vorhanden ein Reporting bezüglich Service Level und sonstiger Kennzahlen zur Leistungserbringung bezüglich der Kennzahlenerfüllung ausgewertet wird, ⇨ wenn vorhanden eine Kundenzufriedenheitsbefragung bezüglich Vereinbarungserfüllung ausgewertet wird.
Hilfsmittel:		Reporting bezüglich Service Level, Ergebnisse der Kundenzufriedenheitsbefragung

Bewertung	
	__ Punkte
Abschätzung und Bewertung des Erfüllungsgrades	
O Die Vereinbarungserfüllung kann nicht nachgewiesen werden.	0 Punkte
O	25 Punkte
O Die Kennzahlen bezüglich der Leistungserbringung wurden bei 80 % (x ≥ 80) der Kunden (Stichprobenregelung) erfüllt.	50 Punkte
O Die Kennzahlen bezüglich der Leistungserbringung wurden erfüllt.	75 Punkte
O Die Ergebnisse der Kundenzufriedenheitsanalyse zeigen eine Zufriedenheit mit der Vereinbarungserfüllung.	100 Punkte

Der Kriterienkatalog

Kriterium 024	2.1.2	Die Einhaltung der Vereinbarungen bezüglich Zeit, Qualität, Budget bei Changes/Projekten durch den Servicegeber können nachgewiesen werden.
Ziel:		Der Servicegeber hält die Vereinbarungen ein.
Hinweise:		Das Kriterium ist nicht zwingend durch SLA abgedeckt, führt jedoch häufig zu zusätzlichen Verträgen oder Beauftragungen.
Messgröße:		VL_E = Erfüllung der Vereinbarungen
Messverfahren:		Die Messgröße VL_E wird ermittelt, indem ein Reporting (z. B. Post Implementation Review) bezüglich Zeit, Qualität und Budget bei Changes/Projekten ausgewertet wird.
Hilfsmittel:		Reports zu Changes und Projekte

Bewertung	
	___ Punkte
Abschätzung und Bewertung des Erfüllungsgrades	
O Die Erfüllung der Vereinbarungen kann nicht nachgewiesen werden.	0 Punkte
O	25 Punkte
O Die Vereinbarungen bezüglich Zeit, Qualität und Budget wurden bei 80 % (x ≥ 80) der Kunden (Stichprobenregelung) erfüllt.	50 Punkte
O	75 Punkte
O Die Vereinbarungen bezüglich Zeit, Qualität und Budget wurden erfüllt.	100 Punkte

Der Kriterienkatalog

Kriterium 025	2.1.3	Geplante Preisänderungen werden kenntlich gemacht und der Servicenehmer wird rechtzeitig informiert.
Ziel:		Preisänderungen werden rechtzeitig vom Servicegeber angekündigt.
Messgröße:		VL_p = Ankündigung von Preisänderungen
Messverfahren:		Die Messgröße VL_p wird ermittelt, indem ⇨ Vereinbarungen zu Ankündigungsfristen von Preisänderungen geprüft werden und ⇨ die Einhaltung der Vereinbarungen anhand von Änderungsmitteilungen überprüft wird.
Hilfsmittel:		Vereinbarung zu Ankündigungsfristen von Preisänderungen, Änderungsmitteilungen

Bewertung	
	___ Punkte
Abschätzung und Bewertung des Erfüllungsgrades	
○ Es gibt es keine Vereinbarung zu Ankündigungsfristen von Preisänderungen.	0 Punkte
○ Es existiert eine Vereinbarung zu Ankündigungsfristen von Preisänderungen.	25 Punkte
○	50 Punkte
○	75 Punkte
○ Die Ankündigungsfristen werden eingehalten.	100 Punkte

2.2 SLA

Kriterium 026	2.2.1	Es gibt einen Service-Katalog, in dem alle in den SLA verwendeten Services hinterlegt sind.
Ziel:		Es gibt einen Service-Katalog, indem alle in den SLA verwendeten Services hinterlegt sind.
Hinweise:		ISO 20000
Messgröße:		VS_K = Vorhandensein eines vollständigen Service-Katalogs
Messverfahren:		Die Messgröße VS_K wird ermittelt, indem die von den SLA verwendeten Services auf Hinterlegung und Beschreibung im Service-Katalog überprüft werden.
Hilfsmittel:		SLA, Service-Katalog
Bewertung		
		___ Punkte

	Abschätzung und Bewertung des Erfüllungsgrades	
O	Es existiert kein Service-Katalog.	0 Punkte
O	Es existiert ein Service-Katalog.	25 Punkte
O		50 Punkte
O	Mindestens 80 % (x ≥ 80) der in den SLA verwendeten Services sind im Service-Katalog hinterlegt.	75 Punkte
O	Alle in den SLA verwendeten Services sind im Service-Katalog hinterlegt.	100 Punkte

Kriterium 027	2.2.2	Im Service-Katalog und SLA existieren beschriebene, nachweisbare Leistungen hinsichtlich Security.
Ziel:		Der Servicegeber hat Leistungen definiert und vereinbart, die Sicherheitsanforderungen abdecken.
Hinweise:		Es müssen keine eigenständigen Leistungen sein, es kann sich auch um Bestandteile von Leistungen handeln.
Messgröße:		VS_s = Vorhandensein von beschriebenen Security-Leistungen im Service-Katalog
Messverfahren:		Die Messgröße VS_s wird ermittelt, indem der Service-Katalog und die SLA auf Hinweise geprüft werden, die die Sicherheitsanforderungen abdecken.
Hilfsmittel:		Service-Katalog und SLA
Bewertung		
		___ Punkte

Abschätzung und Bewertung des Erfüllungsgrades

O	Im Service-Katalog sind keine Hinweise vorhanden, die Sicherheitsanforderungen berücksichtigen.	0 Punkte
O	Im Service-Katalog sind Sicherheitsanforderungen berücksichtigt, aber nicht im SLA vereinbart.	25 Punkte
O	Im Service-Katalog sind Sicherheitsanforderungen berücksichtigt und im SLA vereinbart.	50 Punkte
O	Im Service-Katalog werden skalierbare Security-Leistungen angeboten.	75 Punkte
O	Die im SLA vereinbarten Security-Leistungen sind skalierbar und berücksichtigen Kundenanforderungen.	100 Punkte

Kriterium 028	2.2.3	Wenn Anforderungen an das Continuity Management erwartet werden, dann sind diese Bestandteil der SLA.
Ziel:		Bereitstellen einer Grundlage für die Einrichtung des Continuity Managements durch den Servicegeber.
Messgröße:		VS_M = Vorhandensein von Continuity-Anforderungen
Messverfahren:		Die Messgröße VS_M wird ermittelt, indem SLA auf folgende Continuity-Anforderungen überprüft werden: ⇨ maximale Betriebsunterbrechungszeit, ⇨ Wiederanlaufplan, ⇨ Alarmierungsplan und ⇨ Fortführung des Geschäftsbetriebs des Servicenehmers während eines Totalausfalls.
Hilfsmittel:		SLA zu Rahmenverträgen mit Continuity-Anforderungen
Bewertung		
		___ Punkte

Abschätzung und Bewertung des Erfüllungsgrades

O	In den SLA gibt es keine Hinweise auf Continuity-Anforderungen.	0 Punkte
O	In mindestens 80 % (x ≥ 80) der SLA gibt es Hinweise auf Continuity-Anforderungen.	25 Punkte
O		50 Punkte
O		75 Punkte
O	In allen SLA gibt es Hinweise auf Continuity-Anforderungen.	100 Punkte

Kriterium 029	2.2.4	Jeder Service Level ist eindeutig messbar und wird aufgezeichnet.
Ziel:		Messbarkeit und nachträgliche Überprüfbarkeit von Service Level.
Hinweise:		ISO 20000
Messgröße:		VS_L = Messung und Aufzeichnung von Service Level
Messverfahren:		Die Messgröße VS_L wird ermittelt, indem überprüft wird, ob ⇨ Messverfahren definiert sind, ⇨ nach diesen Verfahren gemessen wird, ⇨ die Ergebnisse aufgezeichnet und Historien geführt werden und ⇨ die geforderte Aufbewahrungsfrist eingehalten wird.
Hilfsmittel:		SLA, Messverfahren, Messergebnisse (Service Level Reports)
Bewertung		
		___ Punkte
Abschätzung und Bewertung des Erfüllungsgrades		
O	Messverfahren sind nicht definiert.	0 Punkte
O	Messverfahren sind definiert.	25 Punkte
O	Nach den definierten Messverfahren wird gemessen.	50 Punkte
O	Die Messergebnisse werden aufgezeichnet und Historien werden geführt.	75 Punkte
O	Bei der Aufzeichnung wird die geforderte (SLA und rechtliche Vorschriften) Aufbewahrungsfrist eingehalten.	100 Punkte

Kriterium 030	2.2.5	Die Ursachen für nicht eingehaltene Service Level werden ermittelt und geeignete Maßnahmen ergriffen.
Ziel:		SLA-Verstöße sollen zu Serviceverbesserung führen.
Hinweise:		ISO 20000
Messgröße:		VS_U = SLA-Fehlerbeseitigungskompetenz
Messverfahren:		Die Messgröße VS_U wird ermittelt, indem der Umgang mit SLA-Verstößen untersucht wird. Falls es keine Abweichungen gibt, wird trotzdem die letzte Stufe erreicht.
Hilfsmittel:		Service Level Reports, Protokolle von Service Reviews, dokumentierte Maßnahmen

Bewertung	
	___ Punkte
Abschätzung und Bewertung des Erfüllungsgrades	
O Abweichungen werden höchstens dokumentiert.	0 Punkte
O Die Ursachen für Abweichungen werden ermittelt.	25 Punkte
O Bei Abweichungen werden Maßnahmen (Einzelmaßnahmen zur Service-Level-Einhaltung) abgeleitet.	50 Punkte
O	75 Punkte
O Die vereinbarten Service Level werden eingehalten. Bei Abweichungen werden Maßnahmen im Sinne eines kontinuierlichen Verbesserungsprozesses (Änderung von Verfahren) abgeleitet und dem Servicenehmer mitgeteilt.	100 Punkte

3 Mitarbeiter

3.1 Allgemeines

Kriterium 031	3.1.1	Die Mitarbeiterprofile des Servicegebers enthalten Erfahrungen des Mitarbeiters in Bezug auf Branchen und Aufgaben.
Ziel:		Die Mitarbeiterprofile des Servicegebers sind für den Servicenehmer informativ und geben Auskunft über die Erfahrungen des Mitarbeiters in Bezug auf Branchen und Aufgaben.
Messgröße:		MA_E = In den Mitarbeiterprofilen sind Erfahrungen des Mitarbeiters in Bezug auf Branchen und Aufgaben enthalten.
Messverfahren:		Die Messgröße MA_E wird stichprobenartig ermittelt, indem Mitarbeiterprofile dahingehend überprüft werden, ob in ihnen Erfahrungen des Mitarbeiters in Bezug auf Branchen und Aufgaben enthalten sind.
Hilfsmittel:		Mitarbeiterprofile
Bewertung		
		___Punkte
Abschätzung und Bewertung des Erfüllungsgrades		
O	In den Mitarbeiterprofilen sind keine Erfahrungen des Mitarbeiters in Bezug auf Branchen und Aufgaben enthalten.	0 Punkte
O		25 Punkte
O		50 Punkte
O		75 Punkte
O	In den Mitarbeiterprofilen sind Erfahrungen des Mitarbeiters in Bezug auf Branchen und Aufgaben enthalten.	100 Punkte

Kriterium 032	3.1.2	Mitarbeiterfluktuation
Ziel:		Die Mitarbeiterfluktuation gibt Auskunft über Veränderungen im Mitarbeiterstamm des Servicegebers.
Messgröße:		MA_F = Anzahl der in den zurückliegenden zwölf Monaten durch Mitarbeiter des Bereichs IT-Services vorgenommenen Kündigungen oder Wechsel / durchschnittliche Gesamtzahl der Mitarbeiter im Bereich IT-Services in den zurückliegenden zwölf Monaten
Messverfahren:		Die Messgröße MA_F (MA länger als 12 Monate im Unternehmen) bezieht die Anzahl der durch die Mitarbeiter des Bereichs IT-Services vorgenommenen Kündigungen im Betrachtungszeitraum auf die Anzahl der zu dieser Zeit im Bereich IT-Services beschäftigten Mitarbeiter.
Hilfsmittel:		Unterlagen zur Mitarbeiterfluktuation
Bewertung		
		___Punkte

Abschätzung und Bewertung des Erfüllungsgrades

Die durch Kündigung und durch von Mitarbeitern gewünschten Wechsel in andere Unternehmensbereiche hervorgerufene Fluktuation im Bereich IT-Services war im letzten Jahr...

O	größer als 7 % (x ≥ 7).	0 Punkte
O		25 Punkte
O	zwischen 5 % und 7 % (5 ≤ x < 7).	50 Punkte
O		75 Punkte
O	kleiner als 5 % (x < 5).	100 Punkte

Der Kriterienkatalog

Kriterium 033	3.1.3	Die Mitarbeiterprofile von einbezogenen Dritten können dargestellt werden.
Ziel:		Der Servicenehmer bekommt die Möglichkeit, auch Mitarbeiterprofile von einbezogenen Dritten einzusehen.
Messgröße:		MA_D = Mitarbeiterprofile von in der Serviceerbringung einbezogenen Dritten liegen vor.
Messverfahren:		Die Messgröße MA_D wird ermittelt, indem in den Fällen der Beauftragung von Subunternehmern Mitarbeiterprofile von einbezogenen Dritten bereits vorgelegt werden konnten.
Hilfsmittel:		Mitarbeiterprofile, Unteraufträge

Bewertung	
	__ Punkte
Abschätzung und Bewertung des Erfüllungsgrades	
O Mitarbeiterprofile von einbezogenen Dritten konnten bei Unteraufträgen nicht vorgelegt werden.	0 Punkte
O	25 Punkte
O	50 Punkte
O	75 Punkte
O In den Fällen der Beauftragung von Subunternehmen liegen Mitarbeiterprofile vor.	100 Punkte

Kriterium 034	3.1.4	Die Mitarbeiter des Servicegebers sind über die Datenschutz- und Verschwiegenheitsvereinbarungen informiert.
Ziel:		Die Mitarbeiter des Servicegebers sind über die Bedeutung des Datenschutzes und der Verschwiegenheit unterwiesen und zum Datenschutz und zur Verschwiegenheit verpflichtet worden. Dies haben sie per Unterschrift bestätigt.
Messgröße:		MA_V = über die Datenschutz- und Verschwiegenheitsvereinbarungen informierte Mitarbeiter
Messverfahren:		Die Messgröße MA_V wird ermittelt, indem eine Dokumentüberprüfung durchgeführt wird, ob: ⇨ Unterweisungsmaterial zum Datenschutz und zur Verschwiegenheit zur Verfügung steht, ⇨ alle neuen Mitarbeiter des Servicegebers an Unterweisungen zum Datenschutz und der Verschwiegenheit teilnehmen, ⇨ unterschriebene Datenschutz- und Verschwiegenheitserklärungen aller Mitarbeiter des Servicegebers vorliegen.
Hilfsmittel:		Unterweisungsmaterial zum Datenschutz und zur Verschwiegenheit, Teilnehmerlisten oder Protokolle von Unterweisungen, unterschriebene Datenschutz- und Verschwiegenheitserklärungen.

Bewertung	
	___ Punkte

Abschätzung und Bewertung des Erfüllungsgrades

O	Keine Nachweise für Teilnahme an Datenschutz- und Verschwiegenheitsunterweisungen und/oder keine unterschriebenen Datenschutz- und Verschwiegenheitserklärungen.	0 Punkte
O		25 Punkte
O	Unterschriebene Datenschutz- und Verschwiegenheitserklärungen aller Mitarbeiter des Servicegebers liegen vor.	50 Punkte
O	Unterweisungsmaterial zum Datenschutz und zur Verschwiegenheit stehen zur Verfügung und unterschriebene Erklärungen aller Mitarbeiter des Servicegebers liegen vor.	75 Punkte
O	Unterweisungsmaterial zum Datenschutz und zur Verschwiegenheit stehen zur Verfügung; Unterweisungsveranstaltungen zum Datenschutz und zur Verschwiegenheit finden statt; alle neuen Mitarbeiter des Servicegebers nehmen an den Unterweisungsveranstaltungen teil, unterschriebene Erklärungen aller Mitarbeiter des Servicegebers liegen vor.	100 Punkte

3.2 Qualifikation der Mitarbeiter

Kriterium 035	3.2.1	Sorgfalt des Servicegebers bei der Personalakquisition bezüglich der Vertrauenswürdigkeit.
Ziel:		Vertrauenswürdiges und in Sicherheitsfragen geschultes Personal beim Servicegeber.
Messgröße:		MQ_P = Erfüllungsgrad der spezifischen Sicherheitsregeln
Messverfahren:		Die Messgröße MQ_P wird ermittelt, indem überprüft wird, dass entsprechend den folgenden Regeln vorgegangen wurde: ⇨ Es soll geregelt sein, wie mit Sicherheitsüberprüfungen von Mitarbeitern umzugehen ist. ⇨ Es soll geregelt sein, wie mit Zugang zu kritischen Bereichen und Informationen umgegangen wird. ⇨ Es soll geregelt sein, wie mit Führungszeugnissen umgegangen wird.
Hilfsmittel:		Regeln der Personalakquisition
Bewertung		
		___ Punkte
Abschätzung und Bewertung des Erfüllungsgrades		
○	Die genannten Regeln für die Personalakquisition existieren nicht.	0 Punkte
○		25 Punkte
○		50 Punkte
○		75 Punkte
○	Es existieren die genannten Regeln für die Personalakquisition.	100 Punkte

Kriterium 036	3.2.2	Der Wechsel von Mitarbeitern wirkt sich nicht negativ auf das Niveau der Serviceerbringung aus.
Ziel:		Ein gleichbleibend hoher Level der Serviceerbringung soll gewährleistet werden.
Hinweise:		Kundenzufriedenheitsbefragung
Messgröße:		MQ_F = Zufriedenheit mit der Serviceerbringung (über alles betrachtet, sowohl soziale Kompetenz als auch Lösungskompetenz) in Relation zu Wechsel von Mitarbeitern im Bereich der Serviceerbringung.
Messverfahren:		Die Messgröße MQ_F wird ermittelt, indem die Ergebnisse der Kundenzufriedenheitsbefragung und ggf. die Durchführung notwendiger Maßnahmen überprüft werden.
Hilfsmittel:		Ergebnisse von Kundenzufriedenheitsbefragung, dokumentierte Maßnahmen

Bewertung	
	___ Punkte

Abschätzung und Bewertung des Erfüllungsgrades

O	Es wird keine Kundenzufriedenheitsbefragung durchgeführt oder die Auswertungsergebnisse in Bezug auf die relevanten Fragestellungen sind negativ.	0 Punkte
O		25 Punkte
O	Die Auswertungsergebnisse in Bezug auf die relevanten Fragestellungen zeigen Verbesserungsbedarf auf, es werden entsprechende Maßnahmen abgeleitet und durchgeführt.	50 Punkte
O		75 Punkte
O	Die Auswertungsergebnisse in Bezug auf die relevanten Fragestellungen sind positiv.	100 Punkte

Kriterium 037	3.2.3	Schulungen auf der Basis von Schulungsplänen, die aktuelle und relevante Entwicklungen berücksichtigen, werden regelmäßig durchgeführt.
Ziel:		Die Mitarbeiter des Servicegebers sind mit den aktuellen Entwicklungen vertraut und können entsprechend Beratung und Support geben.
Messgröße:		MQ_T = Erstellung und Umsetzung von Schulungsplänen
Messverfahren:		Die Messgröße MQ_T wird ermittelt, indem überprüft wird, ob ⇨ Schulungspläne existieren, ⇨ Schulungspläne aktuelle und relevante Entwicklungen berücksichtigen, ⇨ Schulungen entsprechend der Schulungspläne durchgeführt werden.
Hilfsmittel:		Schulungspläne, Teilnehmerlisten durchgeführter Schulungen

Bewertung	
	___Punkte

	Abschätzung und Bewertung des Erfüllungsgrades	
O	Es existieren keine Schulungspläne oder die vorhandenen Schulungspläne sind nicht an aktuelle und relevante Entwicklungen angepasst.	0 Punkte
O		25 Punkte
O	Aktuelle und relevante Entwicklungen werden in den Schulungsplänen berücksichtigt.	50 Punkte
O		75 Punkte
O	Schulungen auf der Basis von Schulungsplänen, die aktuelle und relevante Entwicklungen berücksichtigen, werden regelmäßig durchgeführt.	100 Punkte

Kriterium 038	3.2.4	Die Mitarbeiter des Servicegebers verfügen über leistungsspezifische, qualifizierte Zertifikate.
Ziel:		Schriftliche Kompetenznachweise der Mitarbeiter des Servicegebers liegen vor.
Messgröße:		MQ_Z = Die Mitarbeiter des Servicegebers verfügen über leistungsspezifische, qualifizierte Zertifikate.
Messverfahren:		Die Messgröße MQ_Z wird ermittelt, indem die in den Angeboten dargestellten Qualifikationen mit den im Unternehmen vorhandenen Qualifikationen abgeglichen werden. Als Qualifikationsnachweise können Zertifizierungen und Ausbildungsbescheinigungen vorgelegt werden.
Hilfsmittel:		Angebote, Qualifikationsnachweise

Bewertung	
	___Punkte

Abschätzung und Bewertung des Erfüllungsgrades

O	In weniger als 50 % (x < 50) der überprüften Angebote stimmen die dargestellten Qualifikationen mit den vorhandenen überein.	0 Punkte
O		25 Punkte
O	In bis zu 80 % (50 ≤ x < 80) der überprüften Angebote stimmen die dargestellten Qualifikationen mit den vorhandenen überein.	50 Punkte
O		75 Punkte
O	In mehr als 80 % (x ≥ 80) der überprüften Angebote stimmen die dargestellten Qualifikationen mit den vorhandenen überein.	100 Punkte

Kriterium 039	3.2.5	Das Kontaktpersonal des Servicegebers wird zum Thema Sozialkompetenz geschult.
Ziel:		Es soll sichergestellt werden, dass die Mitarbeiter des Servicegebers einen adäquaten Umgang (insbesondere sprachlich) mit dem Servicenehmer pflegen.
Hinweise:		Sozialkompetenz umfasst z. B. Kommunikationsfähigkeit, Konfliktbehandlung, Beziehungsmanagement.
Messgröße:		MQ_K = durchgeführte Schulungsmaßnahmen
Messverfahren:		Die Messgröße MQ_K wird ermittelt, indem bei den Kontaktpersonen die vorhandenen Qualifikationen überprüft werden. Als Qualifikationsnachweise können Zertifizierungen und Schulungsbescheinigungen vorgelegt werden.
Hilfsmittel:		Qualifikationsnachweise

Bewertung	
	___ Punkte
Abschätzung und Bewertung des Erfüllungsgrades	
○ Weniger als 50 % (x < 50) der Kontaktpersonen wurden zum Thema Sozialkompetenz geschult.	0 Punkte
○	25 Punkte
○ Bis zu 80 % (50 ≤ x < 80) der Kontaktpersonen wurden zum Thema Sozialkompetenz geschult.	50 Punkte
○	75 Punkte
○ Mehr als 80 % (x ≥ 80) der Kontaktpersonen wurden zum Thema Sozialkompetenz geschult.	100 Punkte

Kriterium 040	3.2.6	Mitarbeiter sind in K-Fall-Übungen geschult.
Ziel:		Eine gute Aus- und Fortbildung der Mitarbeiter ist von grundlegender Bedeutung für einen erfolgreichen IT-Service-Continuity-Management (ITSC)-Prozess (sowohl für den Betrieb des Servicenehmers als auch den des Servicegebers).
Messgröße:		MQ_S = unternehmensweite Sensibilisierung MQ_T = prozessspezifische Schulungsmaßnahmen (Vorbereitung und Durchführung eines Tests)
Messverfahren:		Die Messgröße MQ_S wird ermittelt, indem überprüft wird, ob jährlich sämtliche Mitarbeiter über die Notwendigkeit des ITSC-Managements informiert wurden. Die Messgröße MQ_T wird ermittelt, indem für die im ITSC-Plan aufgeführten Mitarbeiter überprüft wird, ob diese Mitarbeiter im letzten Jahr an einem Test des ITSC-Plans teilgenommen haben.

Bewertung	
	___ Punkte

Abschätzung und Bewertung des Erfüllungsgrades

O	Es existiert kein ITSC-Plan.	0 Punkte
O	Ein ITSC-Plan kann vorgelegt werden. Er ist bei den Mitarbeitern bekannt.	25 Punkte
O	Es kann eine unternehmensweite Sensibilisierung durch regelmäßige Aktualisierung der Pläne und Veröffentlichung der Änderung nachgewiesen werden.	50 Punkte
O		75 Punkte
O	Es können prozessspezifische Schulungsmaßnahmen in Form von Vorbereitung und Durchführung von Continuity Tests nachgewiesen werden.	100 Punkte

Kriterium 041	3.2.7	Alle betroffenen Mitarbeiter werden vor der Durchführung von Rollouts geschult und sind in das Release-Management eingebunden.
Ziel:		Die betroffenen Mitarbeiter sind auf kommende Veränderungen vorbereitet.
Messgröße:		MQ_R = Einbindung der Mitarbeiter in das Release-Management und entsprechende Qualifikation
Messverfahren:		Die Messgröße MQ_R wird ermittelt, indem die entsprechende Dokumentation überprüft wird: ⇨ Verfahren zur Release-Dokumentation und Schulungen, ⇨ Release-Dokumentation, ⇨ Schulungen für die, durch das Release betroffenen Personen, ⇨ KVP bezüglich Release-Dokumentation und Schulungen.
Hilfsmittel:		Schulungs- und Releasedokumentation
Bewertung		
		____Punkte

Abschätzung und Bewertung des Erfüllungsgrades

O	Der Umgang bezüglich Release-Dokumentation und Schulungen für die durch das Release betroffenen Personen ist nicht geklärt.	0 Punkte
O	Die Release-Dokumentation wird zur Verfügung gestellt.	25 Punkte
O	Es gibt ein dokumentiertes Verfahren zur Release-Dokumentation und Schulungen für die durch das Release betroffenen Personen.	50 Punkte
O	Im Rahmen des Release-Rollouts werden Schulungen für die durch das Release betroffenen Personen (sowohl beim Servicenehmer als auch Servicegeber) durchgeführt.	75 Punkte
O	Es existiert ein KVP für dieses Verfahren.	100 Punkte

Kriterium 042	3.2.8	Die Projektmitarbeiter des Servicegebers verfügen über Kenntnisse einer professionellen Projektmanagement-Methodik.
Ziel:		Hauptsächlich die Release- und Rollout-Planung benötigt ein professionelles Projektmanagement. Speziell termingerechte und fehlerfreie Rollouts von Releases sind für den Servicenehmer wichtig.
Messgröße:		MQ_A = Ausbildungsmaßnahmen für Projektmanagementstandards (z. B. Prince2, PMI PM BoK, IPMA, GPM, DIN, APM Group)
Messverfahren:		Die Messgröße MQ_A wird ermittelt, indem insbesondere bei den mit der Release-Planung beauftragten Mitarbeitern die vorhandenen Qualifikationen überprüft werden. Als Qualifikationsnachweise können Zertifizierungen und Ausbildungsbescheinigungen vorgelegt werden.

Bewertung	
	___ Punkte
Abschätzung und Bewertung des Erfüllungsgrades	
○ Es gibt keine Mitarbeiter, die im Projektmanagement geschult sind.	0 Punkte
○ Es gibt im Unternehmen Mitarbeiter, die im Projektmanagement geschult sind.	25 Punkte
○ Es gibt im Unternehmen eine Projektmanagementgruppe, die im Projektmanagement geschult ist.	50 Punkte
○ Es gibt im Release Management Mitarbeiter, die im Projektmanagement geschult sind.	75 Punkte
○ Alle Mitarbeiter im Release Management haben im Projektmanagement mindestens eine Grundlagenschulung absolviert.	100 Punkte

4 Nachhaltigkeit/Sicherheit

4.1 Allgemeines

Kriterium 043	4.1.1	Die Informationssicherheit beim Servicegeber kann nachgewiesen werden.
Ziel:		Die technische und organisatorische Sicherheit von Informationen kann nachgewiesen werden.
Hinweise:		ISO 20000 In dem Kriterium SA_I geht es nicht um den Datenschutz nach BDSG § 9.
Messgröße:		SA_I = Die Informationssicherheit beim Servicegeber kann nachgewiesen werden.
Messverfahren:		Die Messgröße SA_I wird ermittelt, indem die technische und organisatorische Sicherheit bzgl. Vertraulichkeit, Integrität und Verfügbarkeit von Informationen nachgewiesen werden kann.
Hilfsmittel:		Sicherheitskonzept, Zertifikate

Bewertung	
	___ Punkte
Abschätzung und Bewertung des Erfüllungsgrades	
O Es ist kein Informationssicherheitskonzept vorhanden.	0 Punkte
O	25 Punkte
O Es liegt ein umgesetztes und gelebtes Informationssicherheitskonzept vor, das zur Ableitung von Maßnahmen führt, deren Wirksamkeit nachgewiesen werden kann.	50 Punkte
O	75 Punkte
O Die technische und organisatorische Sicherheit bzgl. Vertraulichkeit, Integrität und Verfügbarkeit von Informationen kann zu jeder Zeit nachgewiesen werden, z. B. durch den Nachweis von Zugriffsschutz/Berechtigungskonzept, Zutrittsschutz, Zugangsschutz. Ein ISO-27001-Zertifikat (bzw. alt ISO 17799 oder BS 7799) gilt als Erfüllung.	100 Punkte

Kriterium 044	4.1.2	Der Servicegeber nimmt regelmäßig Risikoanalysen im Hinblick auf IT-Services vor.
Ziel:		Nachweis eines Risikomanagements.
Hinweise:		Risikoanalysen werden einmal im Jahr oder systematisch bei allen vorgenommenen Veränderungen durchgeführt, ISO 20000.
Messgröße:		SA_R = regelmäßige Risikoanalysen im Hinblick auf IT-Services
Messverfahren:		Die Messgröße SA_R wird ermittelt, indem eine Dokumentenprüfung durchgeführt wird hinsichtlich ⇨ der Regelmäßigkeit von Risikoanalysen und deren Bewertung, ⇨ des Bezugs der Risikoanalysen zu Services und ⇨ der Ableitung von Maßnahmen auf Basis der Ergebnisse der Risikoanalysen.
Hilfsmittel:		Ergebnisse von Risikoanalysen, Dokumentation eingeleiteter Maßnahmen

Bewertung	
	__ Punkte

	Abschätzung und Bewertung des Erfüllungsgrades	
O	Es werden keine Risikoanalysen durchgeführt.	0 Punkte
O		25 Punkte
O	Unregelmäßige Risikoanalysen, unvollständige Abbildung auf die Services.	50 Punkte
O	Regelmäßige Risikoanalysen und Bewertung liegen vor. Die Beziehungen zu den Services sind transparent.	75 Punkte
O	Regelmäßige Risikoanalysen und Bewertung liegen vor. Die Beziehungen zu den Services sind transparent. Auf Basis der Ergebnisse der Risikoanalyse werden Maßnahmen zur Risikominimierung und Risikovermeidung abgeleitet.	100 Punkte

4.2 Organisatorische Zuverlässigkeit

Kriterium 045	4.2.1	Es existiert ein Prozessmanagement für die Angebotserstellung.
Ziel:		Es existiert ein umgesetztes Prozessmanagement für den Angebotserstellungsprozess.
Messgröße:		SO_A = Es existiert ein Prozessmanagement für die Angebotserstellung.
Messverfahren:		Die Messgröße SO_A wird ermittelt, indem ein Prozessmanagement nachgewiesen werden kann, das die Planung und Steuerung mit dem Ziel der effektiven und effizienten Umsetzung des Angebotserstellungsprozesses beinhaltet. Teil des Angebotserstellungsprozesses ist die Abfrage von Informationen über das Ziel, das mit der Servicenehmer-Anfrage verfolgt wird.
Hilfsmittel:		Dokumentation, Einbindung in Regelkreise der Verbesserung etc.
Bewertung		
		___ Punkte
Abschätzung und Bewertung des Erfüllungsgrades		
o	Es existiert nur ein dokumentierter Angebotserstellungsprozess.	0 Punkte
o		25 Punkte
o	Es kann ein gelebtes Prozessmanagement für den Angebotserstellungsprozess nachgewiesen werden, das auch die Abfrage von Informationen über das Ziel, das mit der Servicenehmer-Anfrage verfolgt wird, enthält.	50 Punkte
o		75 Punkte
o	Es existiert ein umgesetztes Prozessmanagement für den Angebotserstellungsprozess, dessen Prozessziele, Effektivität und Effizienz, erreicht werden und der nachweislich kontinuierlich verbessert wird.	100 Punkte

Kriterium 046	4.2.2	Es existiert ein Prozessmanagement für die Leistungserbringung.
Ziel:		Es existiert ein umgesetztes Prozessmanagement für den Leistungserbringungsprozess.
Hinweise:		ISO 20000
Messgröße:		SO_L = Es existiert ein Prozessmanagement für die Leistungserbringung.
Messverfahren:		Die Messgröße SO_L wird ermittelt, indem ein Prozessmanagement nachgewiesen werden kann, das die Planung und Steuerung mit dem Ziel der effektiven und effizienten Umsetzung des Leistungserbringungsprozesses beinhaltet.
Hilfsmittel:		Dokumentation, Einbindung in Regelkreise der Verbesserung etc.

Bewertung	
	___ Punkte
Abschätzung und Bewertung des Erfüllungsgrades	
O Es existiert nur ein dokumentierter Leistungserbringungsprozess.	0 Punkte
O	25 Punkte
O Es kann ein gelebtes Prozessmanagement für den Leistungserbringungsprozess nachgewiesen werden.	50 Punkte
O	75 Punkte
O Es existiert ein umgesetztes Prozessmanagement für den Leistungserbringungsprozess, dessen Prozessziele, Effektivität und Effizienz, erreicht werden und der nachweislich kontinuierlich verbessert wird.	100 Punkte

Kriterium 047	4.2.3	Der Servicegeber verfügt über ein nachweislich wirksames Managementsystem.
Ziel:		Der Servicegeber verfügt über ein nachweislich wirksames Managementsystem.
Hinweise:		Eine Herstellerklärung beinhaltet eine Selbstverpflichtung zur Einhaltung aller Forderungen eines Regelwerkes (ISO 9001, ISO 9004, ISO 14001, BS 7799-2, BS 15000-1, ISO 17799, ISO 20000, ISO 27001).
Messgröße:		SO_M = Der Servicegeber verfügt über ein wirksames Managementsystem.
Messverfahren:		Die Messgröße SO_M wird ermittelt, indem: a) der Servicegeber eine Herstellererklärung abgibt oder b) ein Zertifikat vorgelegt werden kann oder c) ein Audit (Definition von ISO 19011) durch einen Servicenehmer oder einen unabhängigen Dritten nachgewiesen werden kann oder d) der Auditor Mitarbeiterbefragungen durchführt und e) die Umsetzung aller Vorgaben des Managementsystems glaubhaft nachgewiesen werden konnte und f) im Falle externer Leistungserbringung Absicherungsverträge mit Partnern vorgelegt werden können.
Hilfsmittel:		Zertifikate nach ISO 9001, ISO 9004, ISO 14001, BS 7799-2, BS 15000-1, ISO 17799, ISO 20000, ISO 27001

Bewertung	
	___ Punkte

Abschätzung und Bewertung des Erfüllungsgrades

Der Servicegeber...

O	verfügt nicht über ein nachweislich wirksames Managementsystem (keiner der Punkte a bis d ist erfüllt).	0 Punkte
O		25 Punkte
O	verfügt über ein Managementsystem (nur die Punkte e und f sind nicht erfüllt).	50 Punkte
O		75 Punkte
O	verfügt über ein nachweislich wirksames Managementsystem (mindestens eines der Kriterien a bis d und die Kriterien e und f sind erfüllt).	100 Punkte

Kriterium 048	4.2.4	Business Excellence (TQM) ist als Philosophie und Methode beim Servicegeber systematisch implementiert.
Ziel:		Der Servicegeber verfügt über ein Business-Excellence-Programm.
Hinweise:		Geringere Gewichtung als die vorangegangenen Kriterien
Messgröße:		SO_B = Business Excellence ist als Philosophie und Methode beim Servicegeber systematisch implementiert.
Messverfahren:		Die Messgröße SO_B wird ermittelt, indem ein Business-Excellence-Programm (z. B. EFQM) und die zugehörigen Methoden (z. B. CMMI) beim Servicegeber nachgewiesen werden können. Die zugehörigen TQM-Methoden werden systematisch ermittelt und deren Anwendung wird geplant und budgetiert.
Hilfsmittel:		Business-Excellence-Programm und zugehörige Methoden

Bewertung	
	___ Punkte
Abschätzung und Bewertung des Erfüllungsgrades	
O Es existiert kein Business-Excellence-Programm.	0 Punkte
O Es existieren vereinzelte Lösungsansätze, aber noch keine praktische Erfahrung damit.	25 Punkte
O Das Business-Excellence-Programm ist identifiziert und Teil der Unternehmensstrategie.	50 Punkte
O Das Business-Excellence-Programm ist nachweislich umgesetzt. Maßnahmen werden aus dem Programm abgeleitet.	75 Punkte
O Es existiert ein vollständig dokumentiertes Business-Excellence-Programm, das nachweislich zur Verbesserung der Wettbewerbsfähigkeit und Kundenzufriedenheit geführt hat.	100 Punkte

Kriterium 049	4.2.5	Die Servicekultur/das Serviceleitbild ist dokumentiert und den Mitarbeitern des Servicegebers nachweislich kommuniziert.
Ziel:		Beim Servicegeber existiert ein Serviceleitbild und die Mitarbeiter des Servicegebers haben Schulungen bzgl. Serviceorientierung erhalten.
Hinweise:		Serviceleitbild und Schulungen sollten regelmäßig aktualisiert bzw. aufgefrischt werden. ISO 20000 / ISO 9001
Messgröße:		SO_K = dokumentiertes Serviceleitbild und Schulungen der Mitarbeiter des Servicegebers bzgl. Serviceorientierung
Messverfahren:		Die Messgröße SO_K wird ermittelt, indem geprüft wird, ob ein dokumentiertes Leitbild existiert, Schulungen zum Thema »Serviceorientierung« gehören zum Schulungsprogramm und die Durchführung der Schulungen kann nachgewiesen werden.
Hilfsmittel:		Dokumentiertes Serviceleitbild, Schulungspläne, Teilnehmerlisten der Schulungen, Kommunikationsnachweise

Bewertung	
	___ Punkte
Abschätzung und Bewertung des Erfüllungsgrades	
O Ein dokumentiertes Serviceleitbild und eine Schulung der Mitarbeiter des Servicegebers bzgl. »Serviceorientierung« können nicht nachgewiesen werden.	0 Punkte
O Es existiert ein dokumentiertes Serviceleitbild und es werden Schulungen zum Thema »Serviceorientierung« angeboten.	25 Punkte
O Das Serviceleitbild wurde nachweisbar kommuniziert.	50 Punkte
O	75 Punkte
O Das Serviceleitbild wurde kommuniziert und Schulungen wurden nachweisbar durchgeführt.	100 Punkte

Kriterium 050	4.2.6	Der Servicegeber holt systematisch Kundenfeedbacks ein.
Ziel:		Der Servicegeber holt systematisch und regelmäßig die Meinung des Servicenehmers ein.
Messgröße:		SO_F = Der Servicegeber holt systematisch Kundenfeedbacks ein.
Messverfahren:		Die Messgröße SO_F wird ermittelt, indem ⇨ dokumentierte Kundenfeedbacks vorgelegt werden können, ⇨ ein dokumentierter Prozess zur Einholung von Kundenfeedbacks vorgelegt werden kann.
Hilfsmittel:		Dokumentierte Kundenfeedbacks, dokumentierter Prozess zur Einholung von Kundenfeedbacks

Bewertung	
	___ Punkte

Abschätzung und Bewertung des Erfüllungsgrades

O	Kundenfeedbacks sind beim Servicegeber nicht vorgesehen.	0 Punkte
O	Es werden unregelmäßig Kundenfeedbacks eingeholt.	25 Punkte
O	Es werden regelmäßig Kundenfeedbacks eingeholt.	50 Punkte
O	Es werden regelmäßig Kundenfeedbacks eingeholt und nach einem festgelegten Prozess weiterbearbeitet.	75 Punkte
O	Es existiert ein dokumentierter Prozess zur systematischen Einholung von standardisierten Kundenfeedbacks, es liegen bereits dokumentierte Kundenfeedbacks vor und im Fall negativer Feedbacks wurden nachweislich Maßnahmen abgeleitet, umgesetzt und eine Verbesserung herbeigeführt.	100 Punkte

4.3 Eskalation

Kriterium 051	4.3.1	Es existiert ein klar definierter, dokumentierter und mit dem Servicenehmer abgestimmter Eskalationsprozess.
Ziel:		Der Eskalationsprozess ist mit dem Servicenehmer abgestimmt und der Servicenehmer ist mit der Umsetzung zufrieden.
Hinweise:		Kundenzufriedenheitsbefragung
Messgröße:		EE_p = Existenz eines klar definierten, dokumentierten und mit dem Servicenehmer abgestimmten Eskalationsprozesses
Messverfahren:		Die Messgröße EE_p wird ermittelt, indem eine Dokumentenprüfung dahingehend vorgenommen wird, ob der Eskalationsprozess dokumentiert und mit dem Servicenehmer abgestimmt ist. Eine entsprechende Frage muss in der Kundenzufriedenheitsbefragung enthalten sein.
Hilfsmittel:		Dokumentierter Eskalationsprozess, Ergebnisse der Kundenzufriedenheitsbefragungen

Bewertung	
	___ Punkte

Abschätzung und Bewertung des Erfüllungsgrades

O	Es existiert kein klar definierter und dokumentierter Eskalationsprozess.	0 Punkte
O		25 Punkte
O	Es existiert ein klar definierter und dokumentierter Eskalationsprozess.	50 Punkte
O	Es existiert ein klar definierter, dokumentierter und mit dem Servicenehmer abgestimmter Eskalationsprozess.	75 Punkte
O	Es existiert ein klar definierter, dokumentierter und mit dem Servicenehmer abgestimmter Eskalationsprozess. Zudem ist der Eskalationsprozess Teil der Kundenzufriedenheitsbefragung und ist dort von den Servicenehmern positiv bewertet worden.	100 Punkte

4.4 Sicherheit in der Leistungserbringung

Kriterium 052	4.4.1	Die Security Policies werden vom Servicegeber eingehalten.
Ziel:		Festgelegte Security Policies werden umgesetzt und eingehalten.
Messgröße:		SS_p = eingehaltene Security Policies
Messverfahren:		Die Messgröße SS_p wird ermittelt, indem eine Dokumentenüberprüfung dahingehend durchgeführt wird, ob dokumentierte Security Policies vorliegen und in den Reports der Security Audits keine Verstöße dokumentiert sind. Zusätzlich wird eine Befragung von Mitarbeitern und Security-Beauftragten durchgeführt.
Hilfsmittel:		Dokumentierte Security Policies, Reports der Security Audits
Bewertung		
		___ Punkte

Abschätzung und Bewertung des Erfüllungsgrades

O	Eine Security Policy ist nicht dokumentiert.	0 Punkte
O	Security Policies sind dokumentiert und Maßnahmen zu deren Umsetzung sind festgelegt.	25 Punkte
O	Mitarbeiter handeln gemäß der Security Policies (z. B. durch Befragung).	50 Punkte
O	Security-Beauftragte stellen die Einhaltung aller Security-Maßnahmen sicher (z. B. durch Befragung).	75 Punkte
O	Dokumentenüberprüfung, Befragung von Mitarbeitern und Security-Beauftragten sowie die Ergebnisse von Security Audits beim Servicegeber weisen eindeutig nach, dass die Securtiy Policies eingehalten werden.	100 Punkte

Kriterium 053	4.4.2	Es finden regelmäßig Security-Audits statt.
Ziel:		Existenz eines formalen (standardisierten und dokumentierten) Teilprozesses Evaluierung (Audit) zur unabhängigen Überprüfung der Sicherheitsmaßnahmen.
Messgröße:		SS_A = dokumentierte Security Audits
Messverfahren:		Die Messgröße SS_A wird ermittelt, indem die Security Audits und die initiierten Maßnahmen überprüft werden.
Hilfsmittel:		Audit Reports, dokumentierte Maßnahmen

Bewertung	
	___ Punkte
Abschätzung und Bewertung des Erfüllungsgrades	
O Es finden keine Audits statt.	0 Punkte
O Es existieren Auditergebnisse und festgestellte Sicherheitsmängel werden beseitigt.	25 Punkte
O Das Auditverfahren ist standardisiert und in einer Security Policy festgelegt.	50 Punkte
O Es finden interne Security Audits statt, deren Ergebnisse im Sinne eines KVP zu Änderungen der Verfahren führen.	75 Punkte
O Es finden externe Security Audits statt, deren Ergebnisse im Sinne eines KVP zu Änderungen der Verfahren führen.	100 Punkte

Kriterium 054	4.4.3	Der Servicegeber stellt dem Servicenehmer Hinweise zur Daten- und Informationssicherheit zur Verfügung.
Ziel:		Der Servicenehmer ist über Sicherheitsempfehlungen informiert.
Messgröße:		SS_G = dem Servicenehmer zur Verfügung gestellte Sicherheitshinweise
Messverfahren:		Die Messgröße SS_G wird ermittelt, indem eine Dokumentenprüfung dahingehend stattfindet, ob Sicherheitshinweise ⇨ zur Verfügung gestellt werden, ⇨ eindeutig gekennzeichnet sind und ⇨ Handlungsempfehlungen oder -anweisungen enthalten sind.
Hilfsmittel:		Sicherheitshinweise, Dokumentation der Kommunikation
Bewertung		
		___ Punkte
Abschätzung und Bewertung des Erfüllungsgrades		
O	Es sind keine Sicherheitshinweise vorhanden.	0 Punkte
O		25 Punkte
O	Sicherheitshinweise werden dem Servicenehmer zur Verfügung gestellt.	50 Punkte
O		75 Punkte
O	Sicherheitshinweise werden dem Servicenehmer zur Verfügung gestellt, sind eindeutig gekennzeichnet und enthalten Handlungsempfehlungen oder -anweisungen.	100 Punkte

Kriterium 055	4.4.4	Ein Security-Manager und ein Datenschutzbeauftragter sind beim Servicegeber benannt (Rolle und Person).
Ziel:		Zuordnung einer organisatorischen und einer persönlichen Verantwortung.
Hinweise:		Eine Person kann auch beide Rollen übernehmen.
Messgröße:		SS_M = benannter Security-Manager und Datenschutzbeauftragter
Messverfahren:		Die Messgröße SS_M wird ermittelt, indem die entsprechende Dokumentation dahingehend geprüft wird, ob die Rollen des Security-Managers und des Datenschutzbeauftragten beschrieben und namentlich benannt sowie seine Befugnisse festgelegt worden sind.
Hilfsmittel:		Security Policy

Bewertung	
	___ Punkte

Abschätzung und Bewertung des Erfüllungsgrades

O	Die Rolle des Security Managers und des Datenschutzbeauftragten sowie deren Befugnisse sind nicht festgelegt.	0 Punkte
O	Die Rolle des Datenschutzbeauftragten ist benannt und seine Befugnisse sind festgelegt.	25 Punkte
O		50 Punkte
O	Der Security Manager und der Datenschutzbeauftragte sind benannt und deren Befugnisse sind festgelegt.	75 Punkte
O	Der Security Manager und des Datenschutzbeauftragten sind benannt und deren Befugnisse sind festgelegt. Die Namen werden beim Servicegeber und Servicenehmer veröffentlicht.	100 Punkte

Kriterium 056	4.4.5	Verfolgung, Behebung und Verbesserung im Falle von Sicherheitsvorfällen, in Tests nachgewiesene Mängel werden dokumentiert.
Ziel:		Soll/Ist-Abweichungen und in Tests nachgewiesene Mängel bezüglich Sicherheitsaspekten werden dokumentiert, behoben und verbessert (KVP).
Messgröße:		SS_v = dokumentierte Verfolgung, Behebung und Verbesserung im Falle von Sicherheitsvorfällen
Messverfahren:		Die Messgröße SS_v wird ermittelt, indem eine Dokumentenprüfung durchgeführt wird.
Hilfsmittel:		Aufzeichnungen von Sicherheitsvorfällen, Auditberichte, Meeting-Protokolle

Bewertung	
	___ Punkte

Abschätzung und Bewertung des Erfüllungsgrades

O	Sicherheitsvorfälle werden nicht dokumentiert.	0 Punkte
O	Sicherheitsvorfälle werden behoben und dokumentiert.	25 Punkte
O		50 Punkte
O	Es werden Verbesserungsmaßnahmen aufgrund der Behebung von Sicherheitsvorfällen abgeleitet und diese dokumentiert.	75 Punkte
O	Es existieren Dokumente, die die Verfolgung, Behebung und Verbesserung von Sicherheitsvorfällen nachweisen.	100 Punkte

Kriterium 057	4.4.6	Bei Sicherheitsvorfällen wird eine Ursachenanalyse durchgeführt und notwendige Verbesserungsmaßnahmen werden ergriffen.
Ziel:		Das wiederholte Vorkommen von Sicherheitsvorfällen wird nachhaltig verhindert; die eingetretenen Sicherheitsvorfälle und deren Ursachenanalyse sind Input des Verbesserungsprozesses (»lessons learned«).
Hinweise:		ISO 20000
Messgröße:		SS_U = Ursachenanalyse und Verbesserungsmaßnahmen im Fall von Sicherheitsvorfällen
Messverfahren:		Das Kriterium SS_U wird ermittelt, indem eine Dokumentenprüfung hinsichtlich der Erfassung und Bewertung von Sicherheitsvorfällen, der Ursachenanalyse und der Ableitung von Verbesserungsmaßnahmen durchgeführt wird.
Hilfsmittel:		Dokumentierte Sicherheitsvorfälle und Verbesserungsmaßnahmen

Bewertung	
	___ Punkte
Abschätzung und Bewertung des Erfüllungsgrades	
O Kriterium wird bisher nicht berücksichtigt.	0 Punkte
O Sicherheitsvorfälle werden erfasst.	25 Punkte
O Sicherheitsvorfälle werden analysiert und bewertet.	50 Punkte
O Ursachenanalysen werden nachweislich durchgeführt.	75 Punkte
O Notwendige Verbesserungsmaßnahmen werden ergriffen.	100 Punkte

4.5 Capacity-Planung

Kriterium 058	4.5.1	Das Capacity Management führt eine an den geschäftlichen Belangen des Servicenehmers ausgerichtete Kapazitätsplanung durch.
Ziel:		Es wird festgestellt, dass es dokumentierte Geschäftsanforderungen gibt, die in den Kapazitätsplan einfließen. Die Ergebnisse der infrastrukturellen und personellen Kapazitätsplanung werden bei der Servicegestaltung berücksichtigt.
Hinweise:		ISO 20000
Messgröße:		SC_G = Nachweis, dass die Geschäftsanforderungen in die Kapazitätsplanung einfließen und Auswirkungen auf die Services haben
Messverfahren:		Die Messgröße SC_G wird ermittelt, indem Dokumenteneinsicht in Geschäftsanforderungen, Kapazitätspläne und Änderungsanweisungen für die Services genommen wird.
Hilfsmittel:		Geschäftsanforderungen, Kapazitätspläne, Änderungsanweisungen für Services

Bewertung

___ Punkte

Abschätzung und Bewertung des Erfüllungsgrades

O	Es findet eine Kapazitätsplanung statt, ohne dass die Geschäftsanforderungen Einfluss haben.	0 Punkte
O		25 Punkte
O		50 Punkte
O	Die Kapazitätsplanung berücksichtigt die Geschäftsanforderungen.	75 Punkte
O	Proaktive Kapazitätsplanung, ausgerichtet an angenommenen zukünftigen Geschäftsanforderungen.	100 Punkte

Kriterium 059	4.5.2	Existierende Kapazitätspläne, die die Gesamtheit aller SLA-Anforderungen berücksichtigen.
Ziel:		Die Erfüllung der SLA bezogen auf infrastrukturelle und personelle Kapazitäten soll gewährleistet werden.
Messgröße:		SC_K = Vorhandensein von Kapazitätsplänen, die auf die Anforderungen der SLA ausgerichtet sind
Messverfahren:		Die Messgröße SC_K wird ermittelt, indem die Kapazitätspläne gemäß der Stichprobenregelung für zufällig ausgewählte Kunden geprüft werden.
Hilfsmittel:		Kapazitätspläne, SLA

Bewertung	
	___ Punkte
Abschätzung und Bewertung des Erfüllungsgrades	
○ In weniger als 25 % (x < 25) der Fälle basieren die Kapazitätspläne auf den Anforderungen der SLA.	0 Punkte
○ In mindestens 25 % (25 ≤ x < 50) der Fälle basieren die Kapazitätspläne auf den Anforderungen der SLA.	25 Punkte
○ In mindestens 50 % (50 ≤ x < 75) der Fälle basieren die Kapazitätspläne auf den Anforderungen der SLA.	50 Punkte
○ In mindestens 75 % (75 ≤ x < 100) der Fälle basieren die Kapazitätspläne auf den Anforderungen der SLA.	75 Punkte
○ Die Kapazitätspläne basieren in allen Fällen (x = 100) auf den Anforderungen der SLA.	100 Punkte

4.6 Availibility-Planung

Kriterium 060	4.6.1	Existierende Availability-Pläne basieren auf den Anforderungen der SLA.
Ziel:		Die in den SLA geforderte Verfügbarkeit wird eingehalten.
Hinweise:		ISO 20000
Messgröße:		SP_A = Vorhandensein von Availability-Plänen, die auf die Anforderungen der SLA ausgerichtet sind
Messverfahren:		Die Messgröße SP_A wird ermittelt, indem die Availability-Pläne gemäß der Stichprobenregelung für zufällig ausgewählte Kunden geprüft werden.
Hilfsmittel:		Availability-Pläne, SLA

Bewertung	
	___ Punkte
Abschätzung und Bewertung des Erfüllungsgrades	
○ In weniger als 25 % (x < 25) der Fälle basieren die Availability-Pläne auf den Anforderungen der SLA.	0 Punkte
○ In mindestens 25 % (25 ≤ x < 50) der Fälle basieren die Availability-Pläne auf den Anforderungen der SLA.	25 Punkte
○ In mindestens 50 % (50 ≤ x < 75) der Fälle basieren die Availability-Pläne auf den Anforderungen der SLA.	50 Punkte
○ In mindestens 75 % (75 ≤ x < 100) der Fälle basieren die Availability-Pläne auf den Anforderungen der SLA.	75 Punkte
○ Die Availability-Pläne basieren in allen Fällen (x = 100) auf den Anforderungen der SLA.	100 Punkte

Kriterium 061	4.6.2	Veränderungen der SLA werden im Availability-Plan berücksichtigt.
Ziel:		Geänderte Vereinbarungen in Bezug auf die Verfügbarkeit werden systematisch und zeitnah umgesetzt.
Hinweise:		SLA-Veränderungen müssen dokumentiert sein, ISO 20000
Messgröße:		SP_v = Prozentanteil der im Availability-Plan innerhalb eines definierten Zeitrahmens berücksichtigten bzw. umgesetzten SLA-Veränderungen
Messverfahren:		Die Messgröße SP_v wird ermittelt, indem dokumentierte SLA-Veränderungen den entsprechenden Einträgen und Veränderungen im Availability-Plan gegenübergestellt werden. Die Berücksichtigung bzw. Umsetzung der Veränderung muss innerhalb eines definierten Zeitrahmens erfolgen.

Bewertung	
	___ Punkte
Abschätzung und Bewertung des Erfüllungsgrades	
O Weniger als 50 % (x < 50) Berücksichtigung.	0 Punkte
O Mindestens 50 % (50 ≤ x < 80) Berücksichtigung innerhalb des definierten Zeitrahmens.	25 Punkte
O	50 Punkte
O Mindestens 80 % (80 ≤ x < 100) Berücksichtigung innerhalb des definierten Zeitrahmens.	75 Punkte
O 100 % Berücksichtigung innerhalb des definierten Zeitrahmens.	100 Punkte

5 Leistungserbringung

5.1 Allgemeines

Kriterium 062	5.1.1	Zeitnahe Identifikation und erfolgreiche Bearbeitung von Problemen und Known Errors.
Ziel:		Reduktion der Anzahl und der Dauer von Störungen.
Hinweise:		Kundenzufriedenheitsbefragung
Messgröße:		LA_Z = passendes Kriterium in einer Kundenzufriedenheitsbefragung LP_I = historische Darstellung der durchschnittlichen Störungsdauer, Störungsanzahl
Messverfahren:		Die Messgröße LA_Z wird ermittelt, indem durchgeführte Kundenzufriedenheitsbefragungen auf dieses Kriterium ausgewertet werden. Die Messgröße LP_I wird ermittelt, indem auf Basis einer Dokumenteneinsicht gemäß der Stichprobenregelung die Tätigkeiten des Servicegebers zur Identifizierung von Problemen und Known Errors nachgewiesen werden. Dies erfolgt durch eine Auswertung der Incident-Datensätze nach Anzahl und Dauer der Incidents.
Hilfsmittel:		Historie der durchschnittlichen Störungsdauern und der Störungsanzahl, Ergebnisse der Kundenzufriedenheitsbefragung
Bewertung		
		___ Punkte
Abschätzung und Bewertung des Erfüllungsgrades		
O	Für beide Messverfahren liegen keine Daten vor.	0 Punkte
O	Für ein Messverfahren liegen Daten vor.	25 Punkte
O	Die Messgröße LPI bleibt gleich.	50 Punkte
O	Die Kundenzufriedenheit bezüglich dieses Kriteriums ist gut, ungeachtet LPI.	75 Punkte
O	Die Kundenzufriedenheit bezüglich dieses Kriteriums ist sehr gut oder die Messgröße LPI zeigt eine abfallende Tendenz.	100 Punkte

Kriterium 063	5.1.2	Vereinbarte Termine werden eingehalten.
Ziel:		Vereinbarte Termine werden eingehalten.
Hinweise:		Kundenzufriedenheitsbefragung
Messgröße:		LA_T = Termintreue (Ergebnisse Kundenzufriedenheitsanalyse und/oder Eintragungen im Log-Buch)
Messverfahren:		Die Messgröße LA_T wird ermittelt, indem geprüft wird, ob die Termintreue in der Kundenzufriedenheitsbefragung positiv bewertet wurde.
Hilfsmittel:		Ergebnisse der Kundenzufriedenheitsbefragung

Bewertung	
	__ Punkte
Abschätzung und Bewertung des Erfüllungsgrades	
O Vereinbarte Termine werden nicht eingehalten.	0 Punkte
O	25 Punkte
O	50 Punkte
O	75 Punkte
O Vereinbarte Termine werden eingehalten.	100 Punkte

Kriterium 064	5.1.3	Es existieren Verhaltensregeln für die Zusammenarbeit mit dem Servicenehmer.
Ziel:		Der Servicegeber ist sich der Bedeutung des Verhaltens seiner Mitarbeiter gegenüber dem Servicenehmer bewusst und verfügt daher über entsprechende Verhaltensregeln.
Hinweise:		Kundenzufriedenheits- sowie Mitarbeiterbefragung
Messgröße:		LA_V = Es gibt dokumentierte Verhaltensregeln für die Zusammenarbeit mit dem Kunden, die jedem Mitarbeiter, der in Servicenehmerkontakt steht, zugänglich und kommuniziert sind.
Messverfahren:		Die Messgröße LA_V wird ermittelt, indem ⇨ dokumentierte Verhaltensregeln zum Umgang mit dem Servicenehmer vorgelegt werden können und eine benannte Funktion im Unternehmen existiert, die für die Pflege der Verhaltensregeln verantwortlich ist, ⇨ befragte Mitarbeiter, die mit dem Servicenehmer in Kontakt stehen, wissen, wo die Regeln zu finden sind und was diese beinhalten, ⇨ die regelmäßige Überprüfung des Einhaltens der Verhaltensregeln mit Hilfe der Kundenzufriedenheitsbefragung oder die Existenz entsprechender Weiterbildungsmaßnahmen nachgewiesen werden kann.
Hilfsmittel:		Dokumentierte Verhaltensregeln für die Zusammenarbeit mit dem Servicenehmer, Funktionsbeschreibung, Befragung der Mitarbeiter, Schulungspläne, Ergebnisse der Kundenzufriedenheitsbefragung

Bewertung	
	___ Punkte

Abschätzung und Bewertung des Erfüllungsgrades

O	Es existieren keine Verhaltensregeln für die Zusammenarbeit mit dem Servicenehmer.	0 Punkte
O	Die Verhaltensregeln für die Zusammenarbeit mit dem Servicenehmer sind dokumentiert.	25 Punkte
O	Dokumentierte Verhaltensregeln für den Umgang mit dem Servicenehmer können vorgelegt werden. Im Unternehmen existiert eine benannte Funktion, der für die Pflege der Verhaltensregeln verantwortlich ist.	50 Punkte
O	Zusätzlich zu den dokumentierten Verhaltensregeln für den Umgang mit dem Servicenehmer und der Zuweisung der Verantwortung wissen befragte Mitarbeiter, die mit den Kunden in Kontakt stehen, wo die Regeln zu finden sind und was diese beinhalten.	75 Punkte
O	Zu den oben erwähnten Punkten lässt sich die regelmäßige Überprüfung des Einhaltens der Verhaltensregeln oder die Existenz entsprechender Weiterbildungsmaßnahmen nachweisen.	100 Punkte

Der Kriterienkatalog

Kriterium 065	5.1.4	Der Servicegeber ist flexibel in Bezug auf die Serviceerbringung bei vom Servicenehmer gewünschten individuellen Anforderungen.
Ziel:		Der Servicegeber muss auf veränderte Geschäftsanforderungen flexibel reagieren können.
Hinweise:		Kundenzufriedenheitsbefragung
Messgröße:		LA_F = flexibler Umgang mit Anforderungen
Messverfahren:		Die Messgröße LA_F wird ermittelt, indem ⇨ im Rahmen einer regelmäßigen Kundenzufriedenheitsbefragung oder ⇨ durch die dokumentierte Bearbeitung der Änderungsanforderungen die Flexibilität im Umgang mit Änderungsanforderungen festgestellt wird.
Hilfsmittel:		Dokumentation der Bearbeitung der Änderungsanforderungen, Ergebnisse der Kundenzufriedenheitsbefragung

Bewertung	
	___ Punkte

	Abschätzung und Bewertung des Erfüllungsgrades	
O	Ein flexibler Umgang mit Änderungsanforderungen kann nicht nachgewiesen werden.	0 Punkte
O		25 Punkte
O		50 Punkte
O	Der Servicegeber kann anhand eines dokumentierten Umgangs mit Änderungsanforderungen seine Flexibilität nachweisen.	75 Punkte
O	Die Ergebnisse einer Kundenzufriedenheitsbefragung weisen auf einen flexiblen Umgang mit Änderungsanforderungen hin.	100 Punkte

5.2 Changes

Kriterium 066	5.2.1	Es existiert ein mit dem Servicenehmer abgestimmtes Verfahren für den Umgang mit Änderungsanforderungen.
Ziel:		Der Umgang mit Änderungsanforderungen ist vereinbart und die Vereinbarung wird umgesetzt.
Hinweise:		ISO 20000
Messgröße:		LV_v = das Verfahren für den Umgang mit Änderungsanforderungen
Messverfahren:		Die Messgröße LV_v wird ermittelt, indem ⇨ die Dokumentation des Verfahrens für den Umgang mit Änderungsanforderungen überprüft wird, ⇨ das Verfahren auf die Einhaltung folgender Aspekte überprüft wird: – Umgang mit Standard Changes, – Kriterien zur Annahme und Ablehnung von Changes, – Befugnisse des Change Managers, – Prioritäten für die Einstufung von Changes, – Einberufung eines gemeinsamen Gremiums (z. B. CAB), – es existiert ein verständlicher Terminplan von implementierten und in Zukunft zu implementierenden Änderungsanforderungen (z. B. FSC), – es existiert eine Übersicht des Status aller Änderungsanforderungen, – alle Änderungsanforderungen sind inhaltlich dokumentiert, – Änderungen an der Dokumentation und die Kommunikation erfolgen zeitnah (mit dem vereinbarten Vorlauf), ⇨ überprüft wird, ob Maßnahmen zur Verbesserung des Verfahrens ergriffen wurden.
Hilfsmittel:		Dokumentation des Verfahrens für den Umgang mit Änderungsanforderungen, Dokumentation der Verbesserungsmaßnahmen, Change Logs, SLA
Bewertung		
		___ Punkte

Abschätzung und Bewertung des Erfüllungsgrades

O	Es gibt kein Verfahren für den Umgang mit Änderungsanforderungen.	0 Punkte
O	Das Verfahren für den Umgang mit Änderungsanforderungen ist dokumentiert und der Servicegeber arbeitet danach.	25 Punkte
O	Es existiert ein mit dem Servicenehmer abgestimmtes Verfahren für den Umgang mit Änderungsanforderungen.	50 Punkte
O	Das mit dem Servicenehmer abgestimmte Verfahren beinhaltet die obigen Aspekte.	75 Punkte
O	Es existiert ein mit dem Servicenehmer abgestimmtes Verfahren für den Umgang mit Änderungsanforderungen. Der Prozess ist erkennbar als KVP (Verfolgung von fehlerhaften Changes und abgeleitete Maßnahmen) aufgesetzt.	100 Punkte

Kriterium 067	5.2.2	Der Servicegeber verfügt über Methoden, die den Geschäftsbetrieb bei und nach der Implementierung von Changes nicht beeinträchtigen.
Ziel:		Betriebsstörungen durch und nach Änderungen sollen vermieden werden.
Messgröße:		LV_M = Verantwortungsbewusstsein bei der Implementierung von Änderungsanforderungen
Messverfahren:		Die Messgröße LV_M wird ermittelt, indem die Vorbereitung der Implementierung von Änderungsanforderungen überprüft wird im Hinblick auf: ⇨ die Durchführung von Tests in einer geeigneten Umgebung (z. B. produktionsnahe Testsysteme), ⇨ die Existenz von Back-out-Plänen und -Prozeduren, ⇨ bestehende Vereinbarungen mit dem Servicenehmer bezüglich Einbindung in den Abnahmeprozess und dessen Einhaltung.
Hilfsmittel:		Back-out-Plan, Testberichte, Vereinbarungen mit dem Servicenehmer bzgl. Einbindung in den Abnahmeprozess

Bewertung	
	___ Punkte

Abschätzung und Bewertung des Erfüllungsgrades

O	Die Implementierung von Änderungsanforderungen wird nicht getestet.	0 Punkte
O		25 Punkte
O	Die Implementierung von Änderungsanforderungen wird auf geeigneten Systemen getestet.	50 Punkte
O	Der Servicegeber ist im Fehlerfall in der Lage, durch geeignete Maßnahmen (Back-out) in einen stabilen Produktionsbetrieb zurückzukehren.	75 Punkte
O	Der Servicenehmer wird laut Vereinbarung in den Abnahmeprozess der Tests eingebunden.	100 Punkte

5.3 Releases

Kriterium 068	5.3.1	Dem Servicenehmer werden Pläne zur Verfügung gestellt, aus denen ersichtlich wird, in welchem Rahmen und zu welchem Zeitpunkt seine Ressourcen benötigt werden.
Ziel:		Der Servicenehmer weiß, wann er welche Ressourcen für geplante Implementierungen vorhalten muss.
Messgröße:		LR_p = dokumentierter Ressourcenbedarf
Messverfahren:		Die Messgröße LR_p wird ermittelt, indem unterschiedliche Pläne hinsichtlich des dokumentierten Ressourcenbedarfs sowie die Übergabe der Pläne an den Servicenehmer überprüft werden.
Hilfsmittel:		Ressourcenpläne, dokumentierte Kommunikation mit dem Servicenehmer
Bewertung		
		___ Punkte

Abschätzung und Bewertung des Erfüllungsgrades

O	Die Ressourcenpläne wurden dem Servicenehmer nicht zur Verfügung gestellt.	0 Punkte
O	Dem Servicenehmer wurden Ressourcenpläne zur Verfügung gestellt, die jedoch keine Servicenehmer-Aktivitäten beinhalten.	25 Punkte
O	Dem Servicenehmer wurden Ressourcenpläne zur Verfügung gestellt, aus denen Servicenehmer-Aktivitäten ersichtlich sind.	50 Punkte
O		75 Punkte
O	Der Ressourcenplan beinhaltet, in welchem Rahmen und zu welchem Zeitpunkt der Servicenehmer Ressourcen zur Verfügung stellen muss.	100 Punkte

Kriterium 069	5.3.2	Releases werden unter Einbeziehung der Anwender getestet und abgenommen (User Acceptance Test).
Ziel:		Releases sollen fehlerfrei sein.
Messgröße:		LR_T = durchgeführte User Acceptance Tests
Messverfahren:		Die Messgröße LR_T wird ermittelt, indem überprüft wird, ob User Acceptance Tests nach Vorgaben des Servicenehmers durchgeführt und dokumentiert werden.
Hilfsmittel:		Dokumentation der User Acceptance Tests, dokumentierte Vorgaben des Servicenehmers (z. B. Testpläne), Abnahmeerklärungen
Bewertung		
		___ Punkte

Abschätzung und Bewertung des Erfüllungsgrades

O	Es gibt keinen Test.	0 Punkte
O		25 Punkte
O		50 Punkte
O	User Acceptance Tests werden nach Vorgaben des Servicenehmers durchgeführt.	75 Punkte
O	Es gibt dokumentierte Testabnahmen durch den Servicenehmer.	100 Punkte

Kriterium 070	5.3.3	Für das Release-Rollout gibt es einen Ansprechpartner beim Servicegeber, der überwacht und steuert.
Ziel:		Der Servicenehmer kann auf einen verantwortlichen Ansprechpartner beim Servicegeber zurückgreifen.
Messgröße:		LR_A = Vorhandensein eines verantwortlichen Ansprechpartners
Messverfahren:		Die Messgröße LR_A wird ermittelt, indem überprüft wird, ob ⇨ es einen verantwortlichen Ansprechpartner beim Servicegeber gibt, ⇨ dieser das Release-Rollout überwacht und steuert.
Hilfsmittel:		Kommunikation mit dem Servicenehmer bzgl. des Ansprechpartners, Rollenbeschreibung, ggf. SLA, Kommunikationsplan, dokumentierte Maßnahmen, Besprechungsprotokolle, Anweisungen

Bewertung	
	___ Punkte

	Abschätzung und Bewertung des Erfüllungsgrades	
O	Es existiert kein Ansprechpartner beim Servicegeber.	0 Punkte
O		25 Punkte
O	Ein Ansprechpartner wurde beim Servicegeber benannt.	50 Punkte
O		75 Punkte
O	Der benannte Ansprechpartner beim Servicegeber überwacht und steuert das Release-Rollout.	100 Punkte

Kriterium 071	5.3.4	Die Dokumentation zu neuen Releases wird dem Servicenehmer zur Verfügung gestellt.
Ziel:		Feststellen, ob dem Servicenehmer Dokumentationen über neue Releases zur Verfügung gestellt werden.
Messgröße:		LR_R = Umgang mit Release-Dokumentationen
Messverfahren:		Die Messgröße LR_R wird ermittelt, indem der Umgang mit Release-Dokumentationen überprüft wird.
Hilfsmittel:		Dokumentation zu neuen Releases, Übergabeprotokolle, Kommunikation mit dem Servicenehmer
Bewertung		
		___ Punkte
Abschätzung und Bewertung des Erfüllungsgrades		
O	Dem Servicenehmer wird keine Dokumentation zu neuen Releases zur Verfügung gestellt.	0 Punkte
O		25 Punkte
O	Dem Servicenehmer wird die Dokumentation zu neuen Releases teilweise zur Verfügung gestellt.	50 Punkte
O		75 Punkte
O	Dem Servicenehmer wird die Dokumentation zu neuen Releases zur Verfügung gestellt.	100 Punkte

Kriterium 072	5.3.5	Änderungen an Release-Plänen werden dem Servicenehmer mitgeteilt und mit diesem abgestimmt.
Ziel:		Abstimmung mit dem Servicenehmer über notwendige Änderungen an Release-Plänen. Vermeidung von unabgestimmten Ad-hoc-Änderungen.
Messgröße:		LR_K = kommunizierte und abgestimmte Release-Pläne
Messverfahren:		Die Messgröße LR_K wird ermittelt, indem überprüft wird, ob es Release-Pläne und einen Nachweis der Kommunikation und Abstimmung mit dem Servicenehmer gibt. Die Implementierung nicht veränderter Release-Pläne wird mit 100 Punkten bewertet.
Hilfsmittel:		Release-Pläne, Kommunikation mit dem Servicenehmer bzgl. Release-Plänen

Bewertung	
	___ Punkte

Abschätzung und Bewertung des Erfüllungsgrades

O	Die Änderungen an Release-Plänen werden dem Servicenehmer nicht bekannt gemacht.	0 Punkte
O		25 Punkte
O	Änderungen an Release-Plänen werden dem Servicenehmer kommuniziert.	50 Punkte
O		75 Punkte
O	Keine Änderungen an Release-Plänen oder: Änderungen an Release-Plänen werden mit dem Servicenehmer abgestimmt.	100 Punkte

5.4 Leistungscontrolling/Reporting

Kriterium 073	5.4.1	Die Verfügbarkeit wird serviceorientiert ermittelt.
Ziel:		Die Verfügbarkeit wird als wichtigster Service Level nicht auf der Basis von Einzelkomponenten ermittelt, sondern serviceorientiert verstanden und ermittelt.
Messgröße:		LC_v = Serviceorientierung der Verfügbarkeit
Messverfahren:		Die Messgröße LC_v wird ermittelt, indem das Messverfahren für die Verfügbarkeit dahingehend geprüft wird, ob einzelne Komponenten oder die gesamte Erbringungskette des Services serviceorientiert bewertet werden (End-to-End-Messung).
Hilfsmittel:		Messverfahren der Verfügbarkeit
Bewertung		
		___ Punkte
Abschätzung und Bewertung des Erfüllungsgrades		
O	Es gibt keine serviceorientierte Messung der Verfügbarkeit eines Services.	0 Punkte
O		25 Punkte
O	Komponentenbasierte Verfügbarkeitsmessung	50 Punkte
O		75 Punkte
O	Die Verfügbarkeit von Services wird serviceorientiert ermittelt.	100 Punkte

Kriterium 074	5.4.2	Der Servicegeber führt regelmäßig Lieferantenaudits bei seinen Servicegebern durch.
Ziel:		Der Servicegeber überprüft regelmäßig die Qualität seiner Servicegeber.
Messgröße:		LC_A = Der Servicegeber führt regelmäßig Lieferantenaudits bei seinen Servicegebern durch.
Messverfahren:		Die Messgröße LC_A wird ermittelt, indem der Servicegeber nachweisen kann, dass er regelmäßig Lieferantenaudits (z. B. nach ISO 19011) bei seinen Servicegebern durchführt.
Hilfsmittel:		Ergebnisse von Lieferantenaudits

Bewertung	
	___ Punkte |//
Abschätzung und Bewertung des Erfüllungsgrades	
O Es wurden noch keine Lieferantenaudits durchgeführt.	0 Punkte
O	25 Punkte
O	50 Punkte
O	75 Punkte
O Es wurden bereits Lieferantenaudits durchgeführt.	100 Punkte

Kriterium 075	5.4.3	Der Servicegeber ermöglicht flexible Auswertungen oder stellt bedarfsgerechte Auswertungen und Berichte zur Verfügung.
Ziel:		Der Servicegeber erfüllt den Bedarf des Servicenehmers an Auswertungen und Berichterstattungen.
Hinweise:		Kundenzufriedenheitsbefragung
		Diese Auswertungen beziehen sich sowohl auf Bestandsdaten von CI als auch auf Service Reporting (u. a. Service Level).
Messgröße:		LC_F = Flexibilität der Berichterstattung und Auswertung
Messverfahren:		⇨ Die Messgröße LC_F wird ermittelt, indem - eine Flexibilität der Auswertung und Berichterstattung nachgewiesen werden kann, z. B. durch: - offene Datenbankschnittstellen, - Variantenvielfalt von Berichten, - Möglichkeit, eigene Berichte zu definieren, - etc. ⇨ die Ergebnisse einer Kundenzufriedenheitsbefragung, bezüglich der Flexibilität der Auswertungen und Berichterstattungen ausgewertet werden.
Hilfsmittel:		Ergebnisse der Kundenzufriedenheitsbefragung, Verfahren zur Berichterstattung

Bewertung	
	__ Punkte

Abschätzung und Bewertung des Erfüllungsgrades

O	Eine flexible Auswertung und Berichterstattung kann nicht nachgewiesen werden.	0 Punkte
O		25 Punkte
O		50 Punkte
O	Eine flexible Auswertung und Berichterstattung kann nachgewiesen werden.	75 Punkte
O	Die Ergebnisse der Kundenzufriedenheitsbefragung zeigen eine Zufriedenheit mit der Flexibilität der Auswertungen und Berichterstattungen.	100 Punkte

Kriterium 076	5.4.4	Die Menge der Service-Level-Verletzungen sinkt oder alle Service Level werden eingehalten.
Ziel:		Die Servicequalität für den Servicenehmer wird stetig verbessert.
Hinweise:		Über das Monitoring soll erreicht werden, dass Service-Level-Verletzungen zeitnah erkannt werden und mittels geeigneter Maßnahmen die Menge der Serviceverletzungen zurückgeht. Hier wird auf das Ergebnis abgestellt.
Messgröße:		LC_N = Anzahl der Service-Level-Verletzungen
Messverfahren:		Die Messgröße LC_N wird ermittelt, indem man die Anzahl der Verletzungen von Service Level bezogen auf den Prüfzeitraum ermittelt und die Veränderung dieser Größe über ein bestimmtes Zeitfenster betrachtet (Zeitfenster min. 3-mal Prüfzeitraum).
Hilfsmittel:		Service Level Reports
Bewertung		
		___ Punkte
Abschätzung und Bewertung des Erfüllungsgrades		
O	Die Anzahl der Service-Level-Verletzungen ist nicht fallend.	0 Punkte
O		25 Punkte
O	Die Anzahl der Service-Level-Verletzungen ist fallend.	50 Punkte
O		75 Punkte
O	Die Service Level werden eingehalten.	100 Punkte

Kriterium 077	5.4.5	Im Rahmen von Service Reviews werden neue Services und Veränderungen von Services standardmäßig besprochen.
Ziel:		Eine rechtzeitige Kommunikation bezüglich sich ändernder Anforderungen findet statt.
Messgröße:		LC_R = besprochene Serviceveränderungen
Messverfahren:		Die Messgröße LC_R wird ermittelt, indem die Protokolle der Service Reviews auf Einträge zu Serviceveränderungen hin überprüft werden.
Hilfsmittel:		Protokolle der Service Reviews

Bewertung	
	___ Punkte
Abschätzung und Bewertung des Erfüllungsgrades	
O Veränderungen von Services sind nicht besprochen worden.	0 Punkte
O Veränderungen von Services werden nicht standardmäßig abgefragt.	25 Punkte
O	50 Punkte
O	75 Punkte
O Veränderungen an Services werden im Service Review besprochen (evtl. Protokollnotiz: keine Veränderungen).	100 Punkte

5.5 Rechnungsstellungen

Kriterium 078	5.5.1	Zusätzliche Kosten werden dem Servicenehmer vor Inanspruchnahme zusätzlicher Leistungen über das SLM mitgeteilt.
Ziel:		Sämtliche Kosten für die IT-Services sind dem Servicenehmer vor Inanspruchnahme transparent.
Messgröße:		LB_Z = Bekanntgabe von Zusatzkosten
Messverfahren:		Die Messgröße LB_Z wird durch folgende Überprüfung ermittelt:
		Gibt es eine Vereinbarung zwischen Servicenehmer und Servicegeber für die Kommunikation über die Kostenverrechnung von Zusatzleistungen (z. B. SLA, Vertrag, Leistungsschein)? Nicht zu berücksichtigen sind einseitige Vereinbarungen wie z. B. AGBs.
		Wird diese Vereinbarung eingehalten? Hierfür muss der Servicegeber Dokumente als Nachweis zur Verfügung stellen. (z. B. Gesprächsprotokolle, Vereinbarungen).
Hilfsmittel:		Vereinbarung zur Kommunikation SLA, Vertrag, Leistungsschein, Nachweise der Einhaltung (z. B. Gesprächsprotokolle)
Bewertung		
		__ Punkte
Abschätzung und Bewertung des Erfüllungsgrades		
O	Es besteht keine Vereinbarung (z. B. im SLA) für die Kommunikation zwischen Servicenehmer und Servicegeber über die Kostenverrechnung von Zusatzleistungen.	0 Punkte
O	Es besteht eine Vereinbarung (zum Beispiel im SLA) für die Kommunikation zwischen Servicenehmer und Servicegeber über die Kostenverrechnung von Zusatzleistungen.	25 Punkte
O		50 Punkte
O		75 Punkte
O	Die bestehende Vereinbarung für die Kommunikation zwischen Servicenehmer und Servicegeber über die Kostenverrechnung von Zusatzleistungen wird eingehalten.	100 Punkte

Der Kriterienkatalog

Kriterium 079	5.5.2	Die Rechnungen und Kostenaufstellungen sind für den Servicenehmer in einheitlicher Struktur und einheitlichem Layout dargestellt und entsprechen den Anforderungen des Servicenehmers. Die Rechnungsschritte sind nachvollziehbar.
Ziel:		Rechnungen und Kostenaufstellungen sollen für den Servicenehmer gut lesbar und nachvollziehbar sein.
Messgröße:		LB_S = Struktur, Layout und Nachvollziehbarkeit der Rechnungen und Kostenaufstellungen LB_A = Anpassung der Rechnungen und Kostenaufstellungen an Anforderungen des Servicenehmers
Messverfahren:		Die Messgrößen LB_S, LB_A werden ermittelt, indem nach Stichprobenregelung Rechnungen und Kostenaufstellungen auf ⇨ Struktur, Layout und Nachvollziehbarkeit, ⇨ Anpassung an Anforderungen des Servicenehmers an Rechnungen und Kostenaufstellungen überprüft werden. Liegen keine Anforderungen des Servicenehmers vor, können die 100 Punkte nicht vergeben werden.
Hilfsmittel:		Rechnungen und Kostenaufstellungen, dokumentierte Anforderungen des Servicenehmers an Rechnungen und Kostenaufstellungen

Bewertung	
	___ Punkte
Abschätzung und Bewertung des Erfüllungsgrades	
O Es gibt keine einheitliche Struktur und kein einheitliches Layout.	0 Punkte
O Die Rechnungen und Kostenaufstellungen sind für den Servicenehmer in einheitlicher Struktur und einheitlichem Layout dargestellt.	25 Punkte
O	50 Punkte
O Die Rechenschritte sind nachvollziehbar.	75 Punkte
O Die Rechnungen und Kostenaufstellungen entsprechen den Anforderungen des Servicenehmers.	100 Punkte

Kriterium 080	5.5.3	Rechnungen und Belege sind vollständig, fehlerfrei und widerspruchsfrei (für jeden Service).
Ziel:		Rechnungen und Belege für den Servicenehmer sind korrekt.
Messgröße:		LB_v = Vollständigkeit, Fehlerfreiheit, Widerspruchsfreiheit der Rechnungen und Belege
Messverfahren:		Die Messgröße LB_v wird ermittelt, indem nach Stichprobenregelung Rechnungen und Belege in Bezug auf ⇨ Vollständigkeit, ⇨ Fehlerfreiheit, ⇨ Widerspruchsfreiheit, ⇨ Stornos und Reklamationen für Rückschlüsse (Indizien) auf die obigen drei Punkte überprüft werden.
Hilfsmittel:		Rechnungen und Belege

Bewertung

		___ Punkte
Abschätzung und Bewertung des Erfüllungsgrades		
O	Die Rechnungen und Belege sind unvollständig und/oder fehlerhaft und/oder enthalten Widersprüche.	0 Punkte
O		25 Punkte
O	Die Rechnungen und Belege sind in mindestens 80 % (x ≥ 80) vollständig, fehler- und widerspruchsfrei.	50 Punkte
O		75 Punkte
O	Die Rechnungen und Belege sind vollständig, fehler- und widerspruchsfrei.	100 Punkte

Kriterium 081	5.5.4	**Kundenzufriedenheit mit der Leistungsverrechnung und der Rechnungsstellung.**
Ziel:		Die Verteilung der Kosten auf die Services, die vom Servicenehmer direkt bezogen werden, ist nachvollziehbar. Der Servicegeber beherrscht die Kosten- und Leistungsrechnung.
Hinweise:		Kundenzufriedenheitsbefragung
Messgröße:		LB_R = Kundenzufriedenheit mir der Rechnungsstellung
Messverfahren:		Die Messgröße LB_R wird ermittelt, indem die Ergebnisse einer Kundenzufriedenheitsbefragung, bezüglich: ⇨ Leistungsverrechnung, ⇨ Kostentransparenz, ⇨ Rechnungsstellung ausgewertet werden.
Hilfsmittel:		Ergebnisse der Kundenzufriedenheitsbefragung

Bewertung	
	___ Punkte
Abschätzung und Bewertung des Erfüllungsgrades	
Die Kundenzufriedenheit mit der Leistungsverrechnung, Kostentransparenz und Rechnungsstellung...	
O wird nicht abgefragt.	0 Punkte
O wird abgefragt.	25 Punkte
O	50 Punkte
O	75 Punkte
O ist gut.	100 Punkte

5.6 Dokumentation

Kriterium 082	5.6.1	Das Layout der Dokumentation ist einheitlich und medienneutral.
Ziel:		Ziel ist es zu überprüfen, ob die für den Servicenehmer bestimmten Dokumente in ihrer Erscheinung, unabhängig vom eingesetzten Medium, einheitlich sind.
Messgröße:		LD_L = Vorhandensein eines einheitlichen, medienneutralen Layouts für Servicenehmer-Dokumente
Messverfahren:		Die Messgröße LD_L wird ermittelt, indem bei verschiedenen, für den Servicenehmer bestimmten Medien überprüft wird, ob das Layout einheitlich gestaltet ist.
Hilfsmittel:		Verschiedene für den Servicenehmer bestimmte Medien

Bewertung	
	___ Punkte
Abschätzung und Bewertung des Erfüllungsgrades	
O Das Layout ist nicht einheitlich gestaltet.	0 Punkte
O	25 Punkte
O	50 Punkte
O Das Layout ist innerhalb der jeweils genutzten Medien einheitlich gestaltet.	75 Punkte
O Das Layout ist unabhängig von den genutzten Medien einheitlich gestaltet.	100 Punkte

Der Kriterienkatalog

Kriterium 083	5.6.2	Die Struktur der Dokumentation ist sichtbar und mit dem Servicenehmer abgesprochen.
Ziel:		Die Verständlichkeit wird durch eine einheitliche Struktur in den Dokumenten erhöht.
Messgröße:		LD_S = Dokumente für den Servicenehmer sind strukturiert.
Messverfahren:		Die Messgröße LD_S wird ermittelt, indem im Rahmen einer Stichprobe eine Dokumenten-Prüfung durchgeführt wird. Hierbei ist zu prüfen, ob die für den Servicenehmer bestimmten Dokumente strukturiert (identischer Aufbau z. B. Deckblatt, Verteiler, Version und Änderungshistorie, Inhaltsverzeichnis) sind und ob die Struktur mit dem Servicenehmer abgestimmt ist.
Hilfsmittel:		Dokumentation für den Servicenehmer, Nachweis, dass die Struktur abgestimmt wurde (z. B. E-Mails, Protokolle).

Bewertung	
	___ Punkte
Abschätzung und Bewertung des Erfüllungsgrades	
O Es existiert keine feste Struktur in der Dokumentation.	0 Punkte
O	25 Punkte
O Die für den Servicenehmer bestimmte Dokumentation folgt in mindestens 80 % (x ≥ 80) einer sichtbaren Struktur.	50 Punkte
O Die für den Servicenehmer bestimmte Dokumentation folgt einer sichtbaren Struktur. Es kann nicht nachgewiesen werden, dass die Struktur abgestimmt ist.	75 Punkte
O Alle für den Servicenehmer bestimmte Dokumentation folgt einer sichtbaren Struktur. Es kann nachgewiesen werden, dass die Struktur mit dem Servicenehmer abgestimmt wurde.	100 Punkte

Kriterium 084	5.6.3	Begrifflichkeiten sind zwischen Servicenehmer und Servicegeber abgestimmt.
Ziel:		Schaffung eines einheitlichen Begriffsverständnisses.
Hinweise:		Für die Verwendung anerkannter Standards werden an dieser Stelle in der Bewertung mehr Punkte vergeben (z. B. Glossare).
Messgröße:		LD_B = Begrifflichkeiten werden dem Servicenehmer erläutert.
Messverfahren:		Die Messgröße LD_B wird ermittelt, indem ⇨ geprüft wird, ob in den für den Servicenehmer bestimmten Dokumenten Begriffsdefinitionen und/oder Glossare enthalten sind, ⇨ Begriffsdefinitionen in einem sowohl für den Servicenehmer als auch für den Servicegeber zugänglichen, zentralen Dokument abgelegt sind, welches gepflegt wird.
Hilfsmittel:		Glossare, Begriffsdefinitionen

Bewertung	
	__ Punkte

Abschätzung und Bewertung des Erfüllungsgrades

O	Die Begrifflichkeiten sind nicht abgestimmt.	0 Punkte
O		25 Punkte
O		50 Punkte
O	In für den Servicenehmer bestimmten Dokumenten sind Begriffsdefinitionen und/oder Glossare enthalten oder Begriffsdefinitionen sind in einem sowohl für den Servicenehmer als auch für den Servicegeber zugänglichen zentralen Dokument abgelegt, das durch den Servicegeber gepflegt wird.	75 Punkte
O	In für den Servicenehmer bestimmten Dokumenten sind Begriffsdefinitionen und/oder Glossare enthalten und Begriffsdefinitionen sind in einem sowohl für den Servicenehmer als auch für den Servicegeber zugänglichen zentralen Dokument abgelegt, das durch den Servicegeber gepflegt wird.	100 Punkte

Kriterium 085	5.6.4	Die Art der Informationsmedien wird mit dem Servicenehmer abgestimmt und konstant verwendet.
Ziel:		Übereinstimmung zwischen Servicegeber und Servicenehmer bzgl. der zu verwendenden Informationsmedien.
Messgröße:		LD_I = mit dem Servicenehmer abgestimmte und konstant verwendete Art der Informationsmedien
Messverfahren		Die Messgröße DA_I wird ermittelt, indem... ⇨ auf Basis der Vereinbarungen zwischen Servicegeber und Servicenehmer geprüft wird, ob und welche Informationsmedien zu nutzen sind (z. B. Informationen über Downtime via Intranet oder Mail etc.), ⇨ die richtige Nutzung dieser Medien stichprobenartig geprüft wird.
Hilfsmittel:		Kommunikationsplan, Medien der Kommunikation mit dem Servicenehmer
Bewertung		
		___ Punkte

Abschätzung und Bewertung des Erfüllungsgrades

O	Es sind keine Informationsmedien in den Vereinbarungen zwischen Servicegeber und Servicenehmer definiert.	0 Punkte
O		25 Punkte
O	Es sind die zu verwendenden Informationsmedien in den Vereinbarungen zwischen Servicegeber und Servicenehmer definiert.	50 Punkte
O		75 Punkte
O	Die zu verwendenden Informationsmedien werden korrekt angewendet.	100 Punkte

Kriterium 086	5.6.5	Dokumente sind formal (Orthografie) richtig.
Ziel:		Eine hohe formale Dokumentenqualität.
Hinweise:		Dieses Kriterium zum Schluss bewerten (Bewertung des »Gesamteindrucks«)
Messgröße:		LD_F = formal richtige Dokumente
Messverfahren:		Die Messgröße LD_F wird ermittelt, indem die bisher betrachteten Dokumente hinsichtlich ihrer Rechtschreibung (wo sinnvoll und möglich) bewertet werden.
Hilfsmittel:		Dokumente, die bereits für andere Kriterien zur Prüfung herangezogen wurden

Bewertung	
	___ Punkte
Abschätzung und Bewertung des Erfüllungsgrades	
O	Die bisher betrachteten Dokumente weisen überdurchschnittlich viele orthografische Fehler und Fehlberechnungen auf.	0 Punkte
O		25 Punkte
O		50 Punkte
O		75 Punkte
O	Die bisher betrachteten Dokumente weisen wenige Fehler und Fehlberechnungen auf.	100 Punkte

Kriterium 087	5.6.6 Die Dokumentation ist revisionssicher.
Ziel:	Die Dokumentation ist revisionssicher.
Hinweise:	Back-up, Versionsnummer, Dokumentennamen, Ablage; alle Änderungen sind dokumentiert (Versionshistorie).
Messgröße:	LD_R = revisionssichere Dokumente
Messverfahren:	Die Messgröße LD_R wird ermittelt, indem a) stichprobenartig Dokumente dahingehend geprüft werden, ob folgende Kriterien enthalten sind: (1) verantwortlicher Autor (2) eindeutige Versionsnummer oder gepflegtes Aktualitätsdatum des Dokuments (3) Änderungshistorie ⇨ Jede Änderung eines Dokuments ist nachvollziehbar. b) stichprobenartig wird versucht, auf alte Versionen (gem. Änderungshistorie) von Dokumenten zuzugreifen (Archivierung gemäß Aufbewahrungsfrist)
Hilfsmittel:	Dokumente, die bereits für andere Kriterien zur Prüfung herangezogen wurden

Bewertung	
	___ Punkte

Abschätzung und Bewertung des Erfüllungsgrades

O	Die Dokumentation ist nicht revisionssicher.	0 Punkte
O	Es sind nicht alle formalen Kriterien (verantwortlicher Autor, Versionsnummer, etc.) in Dokumenten vorhanden.	25 Punkte
O		50 Punkte
O	Es sind alle formalen Kriterien (verantwortlicher Autor, Versionsnummer, etc.) in Dokumenten vorhanden.	75 Punkte
O	Alle formalen Kriterien sind erfüllt und es ist möglich, auf Vorgängerversion zuzugreifen.	100 Punkte

6 Kommunikation zwischen Servicegeber und Servicenehmer

6.1 Erreichbarkeit

Kriterium 088	6.1.1	Der Servicegeber kommuniziert festgelegte Ansprechpartner mit Zuständigkeiten.
Ziel:		Dem Servicenehmer sind die zuständigen Ansprechpartner bekannt.
Messgröße:		KE_z = Der Servicegeber kommuniziert festgelegte Ansprechpartner mit Zuständigkeiten.
Messverfahren:		Die Messgröße KE_z wird stichprobenartig ermittelt, indem in den vorgelegten Verträgen geprüft wird, ob dem Servicenehmer ein Dokument übergeben wurde, in dem festgehalten ist, wer für welche Problemstellung der richtige Ansprechpartner ist.
Hilfsmittel:		Verträge

	Bewertung	
		___ Punkte
Abschätzung und Bewertung des Erfüllungsgrades		
O	Bei weniger als 80 % (x < 80) der Verträge wurde dem Servicenehmer ein Dokument übergeben, in dem festgehalten ist, wer für welche Problemstellung der richtige Ansprechpartner ist.	0 Punkte
O		25 Punkte
O	Bei mindestens 80 % (x ≥ 80) der Verträge wurde dem Servicenehmer ein Dokument übergeben, in dem festgehalten ist, wer für welche Problemstellung der richtige Ansprechpartner ist.	50 Punkte
O		75 Punkte
O	Mit den Verträgen wurde dem Servicenehmer ein Dokument übergeben, in dem festgehalten ist, wer für welche Problemstellung der richtige Ansprechpartner ist.	100 Punkte

Kriterium 089	6.1.2	Der Servicegeber verfügt über eine Stellvertreterregelung.
Ziel:		Der Servicegeber ist für den Servicenehmer zu den festgelegten Sprechzeiten immer erreichbar.
Messgröße:		KE_s = Der Servicegeber verfügt über eine Stellvertreterregelung.
Messverfahren:		Die Messgröße KE_s wird ermittelt, indem der Servicegeber eine dokumentierte Stellvertreterregelung vorlegen kann, die sicherstellt, dass der Servicenehmer zu den kommunizierten Zeiten der Erreichbarkeit immer einen Ansprechpartner hat (auch im Falle des Ausscheidens des Mitarbeiters).
Hilfsmittel:		Dokumentierte Stellvertreterregelung

Bewertung	
	___ Punkte

Abschätzung und Bewertung des Erfüllungsgrades

O	Der Servicegeber kann keine dokumentierte Stellvertreterregelung vorlegen.	0 Punkte
O		25 Punkte
O		50 Punkte
O		75 Punkte
O	Der Servicegeber kann eine dokumentierte Stellvertreterregelung vorlegen.	100 Punkte

Kriterium 090	6.1.3	Der Servicegeber hat festgelegte Zeiten der Erreichbarkeit.
Ziel:		Der Servicenehmer weiß, wann er den Servicegeber erreichen kann.
Messgröße:		KE_E = Im Angebot sind die Zeiten der Erreichbarkeit enthalten.
Messverfahren:		Die Messgröße KE_E wird ermittelt, indem nachgewiesen wird, dass in den vorgelegten Angeboten die Zeiten der Erreichbarkeit enthalten sind.
Hilfsmittel:		Angebote
Bewertung		
		___ Punkte
Abschätzung und Bewertung des Erfüllungsgrades		
O	Nicht in allen überprüften Angeboten sind die Zeiten der Erreichbarkeit enthalten.	0 Punkte
O		25 Punkte
O		50 Punkte
O		75 Punkte
O	In allen Angeboten sind die Zeiten der Erreichbarkeit enthalten.	100 Punkte

6.2 Information an den Servicenehmer

Kriterium 091	6.2.1	Klärungszeiträume werden angegeben.
Ziel:		Dem Servicenehmer wird vermittelt, wann sein Anliegen abschließend geklärt ist. Das beim Servicenehmer schafft Sicherheit, vermittelt ihm die Zuverlässigkeit des Servicegebers und fördert somit das Vertrauen zwischen den Geschäftspartnern.
Hinweise:		Es sind nicht die durch SLA definierten Leistungen/Anliegen gemeint. Mitarbeiterbefragung
Messgröße:		KI_z = Angabe von Klärungszeiträumen
Messverfahren:		Die Messgröße KI_z wird ermittelt durch Überprüfung, a) ob Verfahrensanweisungen darüber existieren, dass Klärungszeiträume anzugeben sind, b) ob es ein Wiedervorlagesystem gibt, c) oder durch Befragung der Mitarbeiter des Servicegebers.
Hilfsmittel:		Verfahrensanweisungen, dokumentiertes Wiedervorlagesystem, Mitarbeiterbefragung

Bewertung	
	___ Punkte
Abschätzung und Bewertung des Erfüllungsgrades	
O Es werden keine Klärungszeiträume angegeben.	0 Punkte
O	25 Punkte
O Die Kriterien a und c können nachgewiesen werden.	50 Punkte
O	75 Punkte
O Die Kriterien a bis c können nachgewiesen werden.	100 Punkte

Kriterium 092	6.2.2	Der Servicenehmer ist mit der Reaktionszeit zufrieden.
Ziel:		Erhöhung der Gesamtzufriedenheit des Servicenehmers.
Hinweise:		Hier sind die in den SLA angeführten Reaktionszeiten nicht gemeint, sondern dass die Verlässlichkeit der SLA-Erfüllung auch durch eine begleitende Kommunikation dem Kunden vermittelt wird (regelmäßiger Statusbericht). Kundenzufriedenheitsbefragung
Messgröße:		KI_A = Zufriedenheit mit der Reaktionszeit
Messverfahren:		Die Messgröße KI_A wird überprüft, indem die Ergebnisse einer Kundenzufriedenheitsbefragung bezüglich der Zufriedenheit mit Reaktionszeiten ausgewertet werden.
Hilfsmittel:		Ergebnisse der Kundenzufriedenheitsbefragung

Bewertung	
	___ Punkte
Abschätzung und Bewertung des Erfüllungsgrades	
O Die Ergebnisse der Kundenzufriedenheitsbefragung/Servicereviews zeigen die Unzufriedenheit des Servicenehmers oder: Es gibt keine Kundenbefragung.	0 Punkte
O	25 Punkte
O	50 Punkte
O	75 Punkte
O Die Ergebnisse der Kundenzufriedenheitsbefragung/Servicereviews zeigen die Zufriedenheit des Servicenehmers.	100 Punkte

Kriterium 093	6.2.3	Die Schnittstellen und zugehörigen Rollen zwischen Servicenehmer und Servicegeber sind definiert und dokumentiert.
Ziel:		An der Schnittstelle zum Servicenehmer sind Rollen und Verantwortlichkeiten klar festgelegt (Bring- und Holschuld sind definiert, keine Überlappungen, Verantwortungsübergänge sind eindeutig, Eskalationsinstanzen und Routinen sind dokumentiert).
Messgröße:		KI_p = Dokumente über die Schnittstellen liegen vor. In den Dokumenten liegen definierte Rollen mit eindeutigen Verantwortlichkeiten vor.
Messverfahren:		Die Messgröße KI_p wird ermittelt, indem eine Dokumentenprüfung vorgenommen wird. Die Dokumente werden dahingehend geprüft, ob ⇨ alle Schnittstellen zwischen Servicegeber und Servicenehmer dokumentiert sind, ⇨ innerhalb der Dokumente Rollen mit ihren Verantwortlichkeiten und Verantwortungsübergängen sowie Bring- und Holschuld zwischen Servicegeber und Servicenehmer definiert sind. Dabei müssen speziell die Rollen aus SD und SLM vorhanden sein, wobei die Funktionen auch individuell je Unternehmen anders benannt sein können.
Hilfsmittel:		Dokumente über Schnittstellen und zugehörige Rollen zwischen Servicenehmer und Servicegeber

Bewertung	
	__ Punkte
Abschätzung und Bewertung des Erfüllungsgrades	
○ Es liegen keine Dokumente über Schnittstellen und zugehörige Rollen zwischen Servicenehmer und Servicegeber vor.	0 Punkte
○	25 Punkte
○ Es liegen Dokumente über Schnittstellen zwischen Servicenehmer und Servicegeber vor. Rollen sind nicht definiert.	50 Punkte
○	75 Punkte
○ Es liegen Dokumente für alle Servicenehmer-Servicegeber-Schnittstellen vor. Es sind Rollen mit ihren Verantwortlichkeiten und Verantwortungsübergängen sowie Bring- und Holschuld zwischen Servicegeber und Servicenehmer in Dokumenten definiert.	100 Punkte

Kriterium 094	6.2.4	Personelle Änderungen gemäß der in den vertraglichen Vereinbarungen festgelegten Kommunikationspartner werden zeitnah vom Servicegeber an den Servicenehmer gemeldet.
Ziel:		Änderungen der Ansprechpartner werden zeitnah vom Servicegeber an den Servicenehmer kommuniziert. Der Servicegeber kennt die jeweils aktuellen Ansprechpartner.
Messgröße:		KI_K = Vorhandensein eines Prozesses zur Kommunikation von personellen Änderungen an den Servicenehmer
Messverfahren:		Die Messgröße KI_K wird ermittelt, indem anhand einer Dokumentenprüfung ermittelt wird, dass beim Servicegeber ein Prozess zur Kommunikation von personellen Änderungen an den Servicenehmer existiert. Im Rahmen eines Interviews wird zudem konkret nach personellen Änderungen und dem sich anschließenden Vorgehen zur Kommunikation der Änderungen an den Servicenehmer gefragt.
Hilfsmittel:		Protokolle aktueller Servicebesprechungen oder Servicegespräche

Bewertung	
	___ Punkte
Abschätzung und Bewertung des Erfüllungsgrades	
O Es existieren keine Regelungen für die Kommunikation von Änderungen der Ansprechpartner.	0 Punkte
O	25 Punkte
O	50 Punkte
O	75 Punkte
O Regelungen für die Kommunikation von Änderungen der Ansprechpartner sind vorhanden. Die Aktualität kann ggf. anhand von Besprechungsprotokollen nachgewiesen werden.	100 Punkte

Der Kriterienkatalog

Kriterium 095	6.2.5	Beim Servicegeber ist ein Beschwerdemanagement vorhanden.
Ziel:		Beschwerden des Servicenehmers werden aufgenommen, bewertet und führen zu Maßnahmen.
Hinweise:		ISO 20000
Messgröße:		KI_B = dokumentierter und gelebter Beschwerdemanagementprozess
Messverfahren:		Die Messgröße KI_B wird ermittelt, indem eine Dokumentenprüfung durchgeführt wird. Dabei wird zunächst untersucht, ob der Prozess des Beschwerdemanagements dokumentiert ist. Teil des dokumentierten Beschwerdemanagements muss dabei eine klare Definition sein, was eine Beschwerde ist. Anhand von Beschwerden aus der Vergangenheit wird zudem der Umgang mit Beschwerden beim Servicegeber nachvollzogen.
Hilfsmittel:		Dokumentierter Beschwerdemanagementprozess, Aufzeichnungen des Beschwerdemanagements

Bewertung	
	___ Punkte

Abschätzung und Bewertung des Erfüllungsgrades

O	Es ist kein Beschwerdemanagement vorhanden.	0 Punkte
O		25 Punkte
O	Der Prozess des Beschwerdemanagements ist dokumentiert.	50 Punkte
O	Der Prozess des Beschwerdemanagements ist dokumentiert und wird nachweislich gelebt.	75 Punkte
O	Der Prozess des Beschwerdemanagements ist dokumentiert und wird nachweislich gelebt. Beschwerden werden im Sinne des kontinuierlichen Verbesserungsprozesses systematisch ausgewertet und darauf aufbauend Maßnahmen abgeleitet.	100 Punkte

Kriterium 096	6.2.6	Für den Servicenehmer geschäftsrelevante Veränderungen beim Servicegeber werden kommuniziert.
Ziel:		Investitionssicherheit des Servicenehmers z. B. bei Änderung der Eigentümer des Servicegebers.
Messgröße:		KI_v = Informationen über geschäftsrelevante Veränderungen im Prüfungszeitraum
Messverfahren:		Die Messgröße KI_v wird ermittelt, indem über die Liste möglicher geschäftsrelevanter Veränderungen (siehe Hilfsmittel) geprüft wird, welche der Kriterien beim Servicegeber im Prüfungszeitraum zutrafen. Anschließend wird ermittelt, ob diese geschäftsrelevanten Veränderungen auch an den Servicegeber kommuniziert wurden.
Hilfsmittel:		Liste der möglichen geschäftsrelevanten Veränderungen: ⇨ Eigentümerwechsel, ⇨ Änderung der Beteiligungsverhältnisse, ⇨ Änderung der Gesellschaftsform, ⇨ Wechsel von Ansprechpartnern, ⇨ Wechsel von leitenden Angestellten. Aufzeichnungen der Kommunikation

	Bewertung	
		___ Punkte
Abschätzung und Bewertung des Erfüllungsgrades		
O	Geschäftsrelevante Veränderungen beim Servicegeber werden nicht oder nur auf Anfrage des Servicenehmers kommuniziert.	0 Punkte
O		25 Punkte
O		50 Punkte
O		75 Punkte
O	Geschäftsrelevante Veränderungen beim Servicegeber werden an den Servicenehmer kommuniziert.	100 Punkte

Kriterium 097	6.2.7	Bei schwerwiegenden Störungen und in Notfällen wird der Servicenehmer über die Gründe und geplanten Änderungen informiert.
Ziel:		Rechtzeitige und zielgerichtete Information des Servicenehmers über mögliche Auswirkungen schwerwiegender Störungen und Notfälle auf dessen Business.
Hinweise:		In den SLA müssen Störungslevel enthalten sein, um schwerwiegende Störungen identifizieren zu können.
Messgröße:		KI_S = vorliegende Dokumentation der Information des Servicenehmers im Falle schwerwiegenden Störungen und in Notfällen. Die Dokumentation muss nachweisen, dass der Servicenehmer über Gründe und geplante Änderungen aufgrund der Störungen und in Notfällen informiert wurde.
Messverfahren:		Die Messgröße KI_S wird ermittelt, indem eine Dokumentenprüfung durchgeführt wird.
Hilfsmittel:		Dokumentation der Kommunikation mit dem Servicenehmer

Bewertung	
	__ Punkte
Abschätzung und Bewertung des Erfüllungsgrades	
O Es werden keine Informationen über schwerwiegende Störungen und in Notfällen an den Servicenehmer gegeben.	0 Punkte
O	25 Punkte
O Der Servicenehmer wird im Fall von schwerwiegenden Störungen und in Notfällen über Gründe oder geplante Änderungen informiert.	50 Punkte
O	75 Punkte
O Der Servicenehmer wird im Fall von schwerwiegenden Störungen und in Notfällen über Gründe und geplante Änderungen informiert oder es lagen keine schwerwiegenden Störungen oder Notfällen vor.	100 Punkte

Kriterium 098	6.2.8	Für jeden Call ist ein Ticket zu eröffnen.
Ziel:		Alle beim Service Desk eingehenden Anfragen werden erfasst. Es existieren für alle Calls Aufzeichnungen, z. B. in Form eines Tickets oder sonstiger geeigneter Aufzeichnungen.
Hinweise:		Es sollte zulässig sein, eine für das Unternehmen angemessene Aufzeichnungsart festlegen zu können. Es besteht keine Pflicht zur Nutzung eines Ticket-Systems. ISO 20000
Messgröße:		KI_c = Verhältnis von Call-Anzahl zu Ticket-Anzahl je Betrachtungszeitraum
Messverfahren:		Die Messgröße KI_c wird ermittelt, indem Daten zu eingehenden Calls ermittelt und mit der Anzahl der im Ticket-System erfassten Tickets verknüpft werden.
Hilfsmittel:		Telefonanlage, Ticketaufzeichnungen, Internet-Journal, E-Mail-Journal

Bewertung	
	___ Punkte
Abschätzung und Bewertung des Erfüllungsgrades	
O Calls werden nicht erfasst.	0 Punkte
O Es existiert eine Vorgabe für den Service Desk zur Erfassung von eingehenden Calls.	25 Punkte
O Es existiert eine Vorgabe für den Service Desk zur Erfassung von eingehenden Calls; Calls werden in einem zentralen Ticket-System erfasst.	50 Punkte
O Es existiert eine Vorgabe für den Service Desk zur Erfassung von eingehenden Calls; Calls werden in einem zentralen Ticket-System erfasst; die Entwicklung der Ticketanzahl wird regelmäßig überprüft.	75 Punkte
O Es existiert eine Vorgabe für den Service Desk zur Erfassung von eingehenden Calls; Calls werden in einem zentralen Ticket-System erfasst; die Entwicklung der Ticketanzahl wird regelmäßig überprüft; das Verhältnis zwischen Call-Anzahl und Ticket-Anzahl wird ermittelt und bewertet.	100 Punkte

Kriterium 099	6.2.9	Die Ticket-Historie kann jederzeit reproduziert werden.
Ziel:		Der Bearbeitungsstand sowie die bisherigen Schritte lassen sich jederzeit nachvollziehen. Dem Servicenehmer kann unverzüglich Auskunft über den aktuellen Stand der Bearbeitung erteilt werden.
Messgröße:		KI_T = Aufzeichnungen zu den Bearbeitungsschritten eines Tickets
Messverfahren:		Die Messgröße KI_T wird ermittelt, indem Aufzeichnungen zu Bearbeitungsschritten eines Tickets vorgelegt werden können und überprüft werden.
Hilfsmittel:		Ticketaufzeichnungen

Bewertung	
	___ Punkte
Abschätzung und Bewertung des Erfüllungsgrades	
O Die Ticket-Historie kann nicht reproduziert werden.	0 Punkte
O Es existieren Aufzeichnungen zu den bisherigen Bearbeitungsschritten, die sich einzelnen Tickets zuordnen lassen.	25 Punkte
O Aufzeichnungen zu den bisherigen Bearbeitungsschritten sind den Tickets zugeordnet und können reproduziert werden.	50 Punkte
O Aufzeichnungen zu den bisherigen Bearbeitungsschritten sind den Tickets zugeordnet; die Ticket-Historie kann im Ticket-System zentral abgerufen werden.	75 Punkte
O Aufzeichnungen zu den bisherigen Bearbeitungsschritten sind den Tickets zugeordnet; die Ticket-Historie kann im Ticket-System zentral abgerufen werden; mitgeltende Dokumente sind mit den Tickets verknüpft und können ebenfalls zentral abgerufen werden.	100 Punkte

Kriterium 100	6.2.10	Ticketlaufzeiten/Bearbeitungszeiten werden vollständig dokumentiert.
Ziel:		Einhaltung der mit den Kunden vereinbarten Service Level. Optimierung der Durchlaufzeiten für die Ticket-Bearbeitung.
Hinweise:		Eskalationsmechanismen setzen eine vollständige und kontinuierliche Verfügbarkeit der Ticketlaufzeiten voraus. Die Ticketlaufzeit umfasst die Gesamtlaufzeit von der Eröffnung der Tickets bis zum endgültigen Abschluss, inkl. der Zeiten der Weiterleitung an Unterauftragnehmer.
Messgröße:		Kl_L = Ticketlaufzeit je Status; SLA-Erfüllung
Messverfahren:		Die Messgröße Kl_L wird ermittelt, indem über das eingesetzte Ticket-System je Ticketstatus die Verweildauer im System aufgezeichnet wird.
Hilfsmittel:		Ticket-System
Bewertung		
		___ Punkte
Abschätzung und Bewertung des Erfüllungsgrades		
O	Das Kriterium wird nicht berücksichtigt.	0 Punkte
O	Prozess/Workflow für die Ticketbearbeitung ist definiert.	25 Punkte
O	Prozess/Workflow für die Ticketbearbeitung ist definiert; Ticketlaufzeit wird dokumentiert.	50 Punkte
O	Prozess/Workflow für die Ticketbearbeitung ist definiert einschließlich eingebundener Unterauftragnehmer; Ticketlaufzeit wird dokumentiert; Bearbeitungszeiten werden für einzelne Phasen der Bearbeitung ausgewiesen.	75 Punkte
O	Prozess/Workflow für die Ticketbearbeitung ist definiert einschließlich eingebundener Unterauftragnehmer; Ticketlaufzeit wird dokumentiert; Bearbeitungszeiten werden für einzelne Phasen der Bearbeitung ausgewiesen; Laufzeitverletzungen werden signalisiert.	100 Punkte

Kriterium 101	6.2.11	Das Werkzeug für die Ticketbearbeitung liefert auch die relevanten Reports für das Service Level Management (SLM).
Ziel:		Verlässliche Kennzahlen über die Ticketbearbeitung werden schnellstmöglich und mit möglichst geringem Aufwand für das SLM-Reporting zur Verfügung gestellt.
Hinweise:		Festlegungen zu dem zu verwendenden Werkzeug müssen im Einzelfall zwischen Servicenehmer und Servicegeber abgestimmt werden. Die Verwendung eines vom Servicenehmer anerkannten Werkzeugs muss individuell vertraglich vereinbart werden und kann nur für Serviceverträge mit einem entsprechenden Volumen gelten.
Messgröße:		KI_R = Reports zur Ticketbearbeitung
Messverfahren:		Die Messgröße KI_R wird ermittelt, indem Reports zur Ticketbearbeitung vorgelegt werden und überprüft werden können. Zudem kann nachgewiesen werden, dass das Reporting nach Servicenehmer-Wünschen erfolgt.
Hilfsmittel:		Ticket-System

Bewertung	
	___ Punkte

	Abschätzung und Bewertung des Erfüllungsgrades	
O	Das Kriterium wird nicht berücksichtigt.	0 Punkte
O		25 Punkte
O	Das Werkzeug liefert Reports zur Ticketbearbeitung.	50 Punkte
O		75 Punkte
O	Das Werkzeug liefert Reports zur Ticketbearbeitung. Die Reports werden nach individuellen Vorgaben des Servicenehmers direkt aus dem Werkzeug generiert und bereitgestellt.	100 Punkte

Kriterium 102	6.2.12	Ein Mitarbeiter des Servicegebers übernimmt die Verantwortung für ein Ticket, bis dieses geschlossen wird.
Ziel:		Spürbare Übernahme von Verantwortung für Tickets.
Hinweise:		Es muss auf Vertreterregelungen geachtet werden.
Messgröße:		KI_o = nicht wechselnde Ownerschaft
Messverfahren:		Die Messgröße KI_o wird ermittelt, indem nachgewiesen werden kann, dass Tickets einer verantwortliche Person zugewiesen (Stichprobenanalyse) werden und diese Verantwortung im Zeitverlauf nicht wechselt.
Hilfsmittel:		Ticketaufzeichnung

Bewertung	
	___ Punkte
Abschätzung und Bewertung des Erfüllungsgrades	
O	Die Ticket-Verantwortung ist nicht geklärt.	0 Punkte
O		25 Punkte
O		50 Punkte
O	Die Tickets werden immer einer verantwortlichen Person zugewiesen.	75 Punkte
O	Die Tickets werden immer einer verantwortlichen Person zugewiesen und in weniger als 20 % (x < 20) der Tickets wechselt die Verantwortung.	100 Punkte

6.3 Service Desk

Kriterium 103	6.3.1	Der Mitarbeiter im Service Desk spricht die Sprache des Servicenehmers.
Ziel:		Grundlage für eine gute Kommunikation schaffen.
Hinweise:		Hier ist die »Muttersprache« gemeint – Problem bei Offshore Outsourcing.
Messgröße:		KD_S = Nachweis der gleichen Muttersprache beim Servicenehmer und Servicegeber sowie der sprachlichen Weiterbildung
Messverfahren:		Die Messgröße KD_S wird ermittelt, indem Sprachausbildungszertifikate vorgelegt werden können oder die Mitarbeiter nachweislich Muttersprachler in der Sprache des Servicenehmers sind.
Hilfsmittel:		Sprachausbildungszertifikate
Bewertung		
		___ Punkte
Abschätzung und Bewertung des Erfüllungsgrades		
O	Das Kriterium wird nicht berücksichtigt.	0 Punkte
O		25 Punkte
O	Die Mitarbeiter im Service Desk sprechen die Geschäftssprache des Servicenehmers.	50 Punkte
O		75 Punkte
O	Die Mitarbeiter im Service Desk sprechen die Geschäftssprache des Servicenehmers und werden regelmäßig zielgruppenorientiert weitergebildet.	100 Punkte

Kriterium 104	6.3.2	Die Mitarbeiter im Service Desk sind in der Lage, gemeinsam mit dem Anwender strukturiert den Incident zu spezifizieren.
Ziel:		Einheitlich qualitativ gute Beschreibung und Spezifikation aller Incidents.
Hinweise:		Die einheitliche Beschreibung der Incidents ist Voraussetzung für wirkungsvolle Analysen des Problem Managements.
Messgröße:		KD_I = interne Unterlagen zur Aufnahme von Incidents
Messverfahren:		Die Messgröße KD_I wird ermittelt, indem sich ein Spezifikationsschema für Incidents vorlegen lässt.
Hilfsmittel:		Spezifikationsschema für Incidents, z. B. Fragenkatalog, Checkliste, Klassifizierung, Kategorisierung

Bewertung	
	___ Punkte
Abschätzung und Bewertung des Erfüllungsgrades	
O Es existiert keine Spezifikation.	0 Punkte
O	25 Punkte
O Es existiert ein Spezifikationsschema, dieses wird teilweise genutzt.	50 Punkte
O	75 Punkte
O Es existiert ein Spezifikationsschema, dieses wird regelmäßig überprüft und es werden Verbesserungsmaßnahmen abgeleitet.	100 Punkte

Kriterium 105	6.3.3	Es existiert ein definierter Prozess bei identifizierten sicherheitsrelevanten Vorgängen im Service Desk.
Ziel:		Definition des Teilprozesses »Sicherheitsvorfall«.
Hinweise:		ISO 20000
Messgröße:		KD_p = Existenz des Teilprozesses »Sicherheitsvorfall«
Messverfahren:		Die Messgröße KD_p wird ermittelt, indem ein ⇨ dokumentierter Prozess, ⇨ markierte Sicherheitsvorfälle, ⇨ nachweisbare Folgeprozesse aus markierten Sicherheitsvorfällen nachgewiesen werden können.
Hilfsmittel:		Dokumentation des Teilprozesses »Sicherheitsvorfall«

Bewertung	
	___ Punkte
Abschätzung und Bewertung des Erfüllungsgrades	
O Es gibt keinen Teilprozess »Sicherheitsvorfall«.	0 Punkte
O	25 Punkte
O Der Teilprozess »Sicherheitsvorfall« ist dokumentiert.	50 Punkte
O Der Teilprozess »Sicherheitsvorfall« ist dokumentiert und Vorfälle werden bei Sicherheitsrelevanz markiert.	75 Punkte
O Markierte Sicherheitsvorfälle lösen nachweisbar Folgeprozesse aus.	100 Punkte

Kriterium 106	6.3.4	Das Security Management gibt Kriterien zur Identifikation von sicherheitsrelevanten Vorgängen an den Service Desk regelmäßig weiter.
Ziel:		Der Service Desk kann sicherheitsrelevante Vorgänge identifizieren. Die Kriterien zur Identifikation sind aktuell.
Messgröße:		KD_K = aktuelle Kriterien zur Bestimmung der Sicherheitsrelevanz
Messverfahren:		Die Messgröße KD_K wird ermittelt, indem Kriterien zur Identifikation von sicherheitsrelevanten Vorgängen vorgelegt und eine regelmäßige Aktualisierung der Kriterien nachgewiesen werden können.
Hilfsmittel:		Dokumentierte Kriterien zur Identifikation von sicherheitsrelevanten Vorgängen

Bewertung	
	___ Punkte

Abschätzung und Bewertung des Erfüllungsgrades

O	Dem Service Desk liegen keine Kriterien zur Identifikation von sicherheitsrelevanten Vorgängen vor.	0 Punkte
O		25 Punkte
O	Dem Service Desk liegen Kriterien zur Identifikation von sicherheitsrelevanten Vorgängen vor und diese werden mindestens einmal im Jahr überarbeitet.	50 Punkte
O		75 Punkte
O	Dem Service Desk liegen Kriterien zur Identifikation von sicherheitsrelevanten Vorgängen vor und die letzten beiden Überarbeitungen lagen nicht mehr als drei Monate auseinander.	100 Punkte

Der Kriterienkatalog

Kriterium 107	6.3.5	Der Service Desk kennt die relevanten Serviceparameter.
Ziel:		Jeder Service-Desk-Mitarbeiter kennt die grundlegenden Serviceparameter, um Anfragen korrekt bearbeiten und z. B. Abhängigkeiten erkennen zu können.
Hinweise:		Zu den service-desk-relevanten Parametern gehören z. B. Servicezeiten, Wartungsfenster, Reaktionszeiten, Wiederherstellungszeiten etc. Mitarbeiterbefragung
Messgröße:		KD_w = Der Service Desk kennt die für ihn relevanten Service- und Supportparameter.
Messverfahren:		Die Messgröße KD_w wird ermittelt, indem Mitarbeiter im Service Desk nach den Service- und Supportparametern für verschiedene Services befragt werden. Zusätzlich lässt der Prüfer sich die Dokumente, die die Service- und Supportparameter beinhalten, von einem Mitarbeiter im Service Desk vorlegen und überprüft die Übereinstimmung mit den Aussagen der Mitarbeiter im Service Desk. Zusätzlich lässt sich der Prüfer die Service-Matrix als Gesamtübersicht über Service- und Supportparameter vorlegen.
Hilfsmittel:		Übersicht über relevante Service- und Supportparameter, nach Möglichkeit als Gesamtübersicht, Mitarbeiterbefragung

Bewertung	
	___ Punkte
Abschätzung und Bewertung des Erfüllungsgrades	
O Die Mitarbeiter im Service Desk kennen die Service- und Supportparameter nicht.	0 Punkte
O	25 Punkte
O Die Mitarbeiter im Service Desk kennen die relevanten Service- und Supportparameter.	50 Punkte
O	75 Punkte
O Die Mitarbeiter im Service Desk kennen die relevanten Service- und Supportparameter und haben Zugriff auf eine Gesamtübersicht dieser Parameter.	100 Punkte

7 Notfallmanagement

7.1 Notfälle und Maßnahmenplanung beim Servicegeber

Kriterium 108	7.1.1	Das Risikoinventar beim Servicegeber ist identifiziert und dokumentiert.
Ziel:		Basis für ein systematisches Risikomanagement schaffen.
Hinweise:		Risikoinventar sind alle Assets, die zur vertragsgemäßen Leistungserbringung erforderlich sind.
Hilfsmittel:		Liste des Risikoinventars; Historie bzgl. des Risikoinventars; Nachweise über Sicherheitsvorfälle; Vorgabedokument für den Prozess

Bewertung	
	___ Punkte

Abschätzung und Bewertung des Erfüllungsgrades

O	Das Risikoinventar beim Servicegeber ist nicht identifiziert.	0 Punkte
O	Das Risikoinventar beim Servicegeber ist nachvollziehbar identifiziert.	25 Punkte
O	Die Auflistung des Risikoinventars beinhaltet alle für den Servicenehmer wichtigen Kriterien, wie z. B. IT-Sicherheit, physische Sicherheit und personenbezogene Sicherheit.	50 Punkte
O	Das Risikoinventar beim Servicegeber ist nachvollziehbar identifiziert und wird in geplanten Zeitabständen aktualisiert.	75 Punkte
O	Erkenntnisse aus Notfallübungen und Sicherheitsvorkommnissen werden dokumentiert und fließen in die Aktualisierung des Risikoinventars ein.	100 Punkte

Kriterium 109	7.1.2	Mögliche Störfaktoren/Bedrohungsszenarien, die die Verfügbarkeit/Einsatzfähigkeit der Servicegeber-Assets gefährden, sind identifiziert und bezüglich ihrer Eintrittswahrscheinlichkeit und Auswirkung bewertet.
Ziel:		Das Erkennen der Bedrohungslage der Prozesse des Servicegebers.
Hinweise:		Für die Bewertung der Risiken ist ein gängiges Verfahren zur Risikoanalyse zu verwenden, wie z. B. FMEA. Siehe auch ISO 27001, BSI-Grundschutzhandbuch.
Hilfsmittel:		Risikoanalyse

Bewertung

	__ Punkte
Abschätzung und Bewertung des Erfüllungsgrades	
O	Risikoanalysen wurden nicht durchgeführt.	0 Punkte
O	Eine Risikoanalyse wurde nach einer festgelegten Vorgehensweise durchgeführt.	25 Punkte
O	Risiken werden bzgl. Eintrittswahrscheinlichkeit bewertet.	50 Punkte
O	Risiken zu allen Assets sind erfasst und bzgl. der Auswirkung beim Servicegeber und seinen Servicenehmern umfassend bewertet.	75 Punkte
O	Risikoanalysen werden in geplanten Zeitabständen aktualisiert. Störfälle und ihre Ursachen werden analysiert und haben eine Rückwirkung auf die Risikoabschätzung.	100 Punkte

Der Kriterienkatalog

Kriterium 110	7.1.3	Maßnahmen zur Beherrschung der Risiken sind nachvollziehbar geplant, priorisiert und budgetiert.
Ziel:		Systematische Planung und Genehmigung von Maßnahmen, Genehmigung von Restrisiken.
Hilfsmittel:		Maßnahmenpläne, Budgetpläne, Risikoanalyse, Protokolle
Bewertung		
		___ Punkte
Abschätzung und Bewertung des Erfüllungsgrades		
O	Es existieren keine Maßnahmenpläne.	0 Punkte
O	Handlungsbedarf zur Risikobeherrschung ist identifiziert und es wurde darüber entschieden.	25 Punkte
O	Maßnahmen zur Risikobeherrschung sind identifiziert.	50 Punkte
O	Verbleibende Restrisiken werden analysiert und hinsichtlich der dann veränderten Eintrittswahrscheinlichkeit und Auswirkung dargestellt.	75 Punkte
O	Maßnahmen zur Risikobeherrschung sind genehmigt, budgetiert, terminiert und Umsetzungsverantwortliche benannt.	100 Punkte

Kriterium 111	7.1.4	Maßnahmen werden laut Plan bearbeitet und auf Wirksamkeit überprüft.
Ziel:		Kontinuierliche Verbesserung, Verminderung der Risiken.
Bewertung		
		___ Punkte
Abschätzung und Bewertung des Erfüllungsgrades		
O	Maßnahmen zur Risikobeherrschung werden nicht bearbeitet.	0 Punkte
O		25 Punkte
O	Maßnahmen sind terminiert und werden nachweislich bearbeitet.	50 Punkte
O		75 Punkte
O	Maßnahmen werden systematisch bearbeitet und bezüglich Termineinhaltung und Budget überwacht. Maßnahmen werden auf Wirksamkeit überprüft. Das Restrisiko wird bzgl. Eintrittswahrscheinlichkeit und Auswirkung neu bewertet und mit der ursprünglichen Kalkulation abgeglichen.	100 Punkte

Kriterium 112	7.1.5	Restrisiken sind nachvollziehbar dargestellt und durch die oberste Leitung akzeptiert.
Ziel:		Kommunikation der Restrisiken an das verantwortliche Management.
Hinweise:		Risiken sollten in Form eines potenziellen wirtschaftlichen Schadens dargestellt werden.
Hilfsmittel:		Berichte, Risikoanalysen, Schadensberichte
Bewertung		
		___ Punkte
Abschätzung und Bewertung des Erfüllungsgrades		
O	Risiken und Schäden werden nicht an die Leitung kommuniziert.	0 Punkte
O	Risiken und Schäden werden teilweise an die Leitung kommuniziert.	25 Punkte
O		50 Punkte
O		75 Punkte
O	Schadensfälle und potenzielle Risiken werden nach einer abgestimmten Vorgehensweise an die Leitung kommuniziert. Es erfolgt eine Rückmeldung des Managements an die betroffenen Bereiche.	100 Punkte

Kriterium 113	7.1.6	Notfallvorsorge
Ziel:		Planung der Maßnahmen für den Fall des Eintretens von Notfällen.
Hinweise:		Ein Notfall ist z. B. das Eintreten eines bekannten oder unbekannten Risikos mit Auswirkung auf die Leistungsfähigkeit des Servicenehmers.
Hilfsmittel:		Notfallhandbuch, Alarmpläne, Aushänge, Notfallpersonal
Bewertung		
		___ Punkte
Abschätzung und Bewertung des Erfüllungsgrades		
O	Es existieren keine Notfallpläne.	0 Punkte
O	Es existieren Notfallpläne.	25 Punkte
O	Es existieren umfassende Notfallpläne.	50 Punkte
O	Inhalte der Notfallpläne sind den betroffenen Personen bekannt.	75 Punkte
O	Notfallpläne werden regelmäßig überprüft und aktualisiert.	100 Punkte

Kriterium 114	7.1.7	Notfallübungen
Ziel:		Nachweis der Wirksamkeit der Notfallpläne.
Hinweise:		Kontinuierliche Verbesserung muss nachgewiesen werden.
Bewertung		
		___ Punkte
Abschätzung und Bewertung des Erfüllungsgrades		
O	Es finden keine Notfallübungen statt.	0 Punkte
O	Notfallübungen werden geplant auf Basis einer Notfallstrategie bzw. klarer Zielsetzungen.	25 Punkte
O	Notfallübungen werden auf Basis der Planung durchgeführt, Ergebnisse werden lückenlos dokumentiert.	50 Punkte
O	Die Ergebnisse der Notfallübungen liefern den Nachweis, dass die Leistungserbringung auch in Ausnahmesituationen (inklusive der Rückkehr vom Notfall- in den Normalbetrieb) gewährleistet ist.	75 Punkte
O	Ergebnisse von Notfallübungen werden zur weiteren Effektivitäts- und Effizienzsteigerung der Notfallplanung verwendet.	100 Punkte

Kriterium 115	7.1.8	Ergebnisse von tatsächlichen Notfällen werden zur Bestätigung bzw. Verbesserung des Notfallmanagements herangezogen.
Ziel:		Bestätigung bzw. Verbesserung des Notfallmanagements, Steigerung der Effektivität und Effizienz des Notfallmanagements.

Bewertung	
	___ Punkte
Abschätzung und Bewertung des Erfüllungsgrades	
O Es werden keine Erkenntnisse aus Notfällen gezogen.	0 Punkte
O Notfälle werden protokolliert bzgl. Art, Ablauf, Maßnahmen und Ergebnissen/Wirksamkeit.	25 Punkte
O Ergebnisprotokolle von Notfällen werden bzgl. Effektivität und Effizienz analysiert.	50 Punkte
O Ergebnisse aus Notfallanalysen werden gespiegelt an der Risikoanalyse und führen ggf. zu einer Neubewertung des Risikopotenzials.	75 Punkte
O Risikobewertungen und Verbesserungsmaßnahmen aus der Ergebnisanalyse werden zur Aktualisierung der Notfallkonzepte genutzt.	100 Punkte

7.2 Notfälle und Maßnahmenplanung beim Servicenehmer

Kriterium 116	7.2.1	Es existiert eine Priorisierung in der Wiederherstellungsreihenfolge der Services basierend auf den Geschäftsprozessen des Servicenehmers.
Ziel:		Nach K-Fällen hat die Wiederherstellung der vitalen Geschäftsprozesse des Servicenehmers Vorrang.
Messgröße:		EN_W = dokumentierte Priorisierungsliste auf der Basis einer Business-Impact-Analyse (Identifizierung der kritischen Geschäftsprozesse)
Messverfahren:		Die Messgröße EN_W wird ermittelt, indem geprüft wird, ob eine Business-Impact-Analyse durchgeführt und die Priorisierungsliste daraus abgeleitet wurde.
Hilfsmittel:		Priorisierungsliste für die Wiederherstellungsreihenfolge der Services

Bewertung	
	___ Punkte
Abschätzung und Bewertung des Erfüllungsgrades	
O Eine Priorisierungsliste auf der Basis der Business-Impact-Analyse existiert nicht.	0 Punkte
O	25 Punkte
O	50 Punkte
O Eine Priorisierungsliste auf der Basis der Business-Impact-Analyse existiert.	75 Punkte
O Eine Priorisierungsliste auf der Basis der Business-Impact-Analyse existiert und wird durch Simulationstests und Audits als richtig bestätigt.	100 Punkte

Der Kriterienkatalog

Kriterium 117	7.2.2	K-Fall-Übungen bzgl. ITSC-Plänen finden statt und lassen auf die Wirksamkeit der Pläne schließen.
Ziel:		Nach einem Katastrophenfall findet die Wiederherstellung der Ist-Services erfolgreich statt und aufgetretene Mängel führen zu einer Verbesserung des Planes.
Hinweise:		ISO 20000
Messgröße:		EN_K = dokumentierte K-Fall-Übungen
Messverfahren:		Die Messgröße EN_K wird ermittelt, indem die Ergebnisse der durchgeführten K-Fall-Übungen analysiert werden.
Hilfsmittel:		Ergebnisse durchgeführter K-Fall-Übungen

Bewertung	
	___ Punkte
Abschätzung und Bewertung des Erfüllungsgrades	
O Es finden keine K-Fall-Übungen statt.	0 Punkte
O Die Ergebnisse der K-Fall-Übungen werden lückenlos dokumentiert.	25 Punkte
O	50 Punkte
O Die Ergebnisse der K-Fall-Übungen liefern den Nachweis, dass die Wiederherstellung der Ist-Services nach einem K-Fall funktioniert.	75 Punkte
O Die Ergebnisse der K-Fall-Übungen liefern den Nachweis, dass die Wiederherstellung der Ist-Services nach einem K-Fall funktioniert. Aufgetretene Mängel führen im Sinne eines KVP zu einer Verbesserung des Planes.	100 Punkte

Kriterium 118	7.2.3	Die Termine für K-Fall-Übungen werden mit dem Servicenehmer vereinbart.
Ziel:		Die Termine der K-Fall-Übungen sind mit dem Servicenehmer abgestimmt.
Messgröße:		EN_T = Vereinbarung der Termine für K-Fall-Übungen mit dem Servicenehmer
Messverfahren:		Die Messgröße wird EN_T ermittelt, indem eine Dokumentenprüfung hinsichtlich mit dem Servicenehmer abgestimmter Termine für K-Fall-Übungen durchgeführt wird.
Hilfsmittel:		Dokumentation der K-Fall-Übungen, Dokumentation der Freigabe durch den Servicenehmer; Dokumentation der Kommunikation mit dem Servicenehmer

Bewertung	
	___ Punkte
Abschätzung und Bewertung des Erfüllungsgrades	
O Termine für K-Fall-Übungen werden nicht mit dem Servicenehmer abgestimmt.	0 Punkte
O	25 Punkte
O	50 Punkte
O	75 Punkte
O Termine für K-Fall-Übungen sind nachweislich durch den Servicenehmer freigegeben worden.	100 Punkte

Kriterium 119	7.2.4	Die ITSC-Pläne des Servicegebers sind mit den Business-Continuity-Plänen des Servicenehmers und Servicegebers abgestimmt.
Ziel:		Die ITSC-Pläne orientieren sich an den Business-Anforderungen von Servicenehmer und Servicegeber und nicht an anderen Aspekten (z. B. technische Machbarkeit, Personalplanung).
Messgröße:		EN_B = nachgewiesene Abstimmung der ITSC-Pläne mit den Business-Continuity-Plänen des Servicenehmers und Servicegebers
Messverfahren:		Die Messgröße EN_B wird ermittelt, indem geprüft wird, ob sich die ITSC-Pläne von den Business-Continuity-Plänen des Servicenehmers und Servicegebers ableiten lassen. Es sind keine offensichtlichen Lücken und Widersprüche vorhanden.
Hilfsmittel:		ITSC-Pläne, Business-Continuity-Pläne des Servicenehmers und Servicegebers

Bewertung	
	__ Punkte

Abschätzung und Bewertung des Erfüllungsgrades

O	Die ITSC-Pläne lassen sich nicht von den Business-Continuity-Plänen des Servicenehmers und Servicegebers ableiten.	0 Punkte
O	Die ITSC-Pläne lassen sich nur von den Business-Continuity-Plänen von einem der beiden ableiten.	25 Punkte
O		50 Punkte
O	Die ITSC-Pläne lassen sich von den Business-Continuity-Plänen des Servicenehmers und Servicegebers ableiten.	75 Punkte
O	Die ITSC-Pläne lassen sich von den Business-Continuity-Plänen des Servicenehmers und Servicegebers ableiten und es sind keine offensichtlichen Lücken und Widersprüche vorhanden.	100 Punkte

Kriterium 120	7.2.5	Der ITSC-Plan liegt beim Servicegeber sowohl in elektronischer Form als auch in Papierform vor.
Ziel:		Der ITSC-Plan steht auch dann zur Verfügung, wenn im Notfall die elektronischen Medien ausfallen.
Hinweise:		ISO 20000
Messgröße:		EN_E = Existenz des ITSC-Plans in Papierform und elektronischer Form an mindestens zwei Standorten
Messverfahren:		Die Messgröße EN_E wird ermittelt, indem sich die Existenz des ITSC-Plans in all seinen Ausprägungen an verschiedenen Standorten nachweisen lässt.
Hilfsmittel:		ITSC-Plans in Papierform und elektronischer Form

Bewertung	
	___ Punkte
Abschätzung und Bewertung des Erfüllungsgrades	
O Das Kriterium wird nicht berücksichtigt.	0 Punkte
O Der ITSC-Plan existiert in Papierform oder in elektronischer Form.	25 Punkte
O	50 Punkte
O Der ITSC-Plan existiert in Papierform und in elektronischer Form.	75 Punkte
O Der ITSC-Plan existiert in Papierform und in elektronischer Form an verschiedenen Standorten.	100 Punkte

Kriterium 121	7.2.6	Mit dem Servicenehmer sind für den Notfall Kommunikationspartner/-medien vereinbart, dokumentiert und klar kommuniziert.
Ziel:		Im Notfall sind die Kommunikationspartner/-medien dem ITSC-Team genau bekannt.
Mess-größe:		EN_C = für den Notfall vereinbarte, dokumentierte und klar kommunizierte Kommunikationspartner/-medien
Mess-verfahren:		Die Messgröße EN_C wird ermittelt, indem eine Dokumentenprüfung durchgeführt wird.
Hilfs-mittel:		ITSC-Plan, z. B. Mail, Webseite mit den entsprechenden Inhalten (Kommunikation mit dem Servicenehmer)

Bewertung	
	___ Punkte
Abschätzung und Bewertung des Erfüllungsgrades	
O Die Kommunikationspartner/-medien für den Notfall sind nicht dokumentiert.	0 Punkte
O Die Kommunikationspartner/-medien für den Notfall sind dokumentiert und veröffentlicht (z. B. Webseite).	25 Punkte
O	50 Punkte
O	75 Punkte
O Die Kommunikationspartner/-medien für den Notfall sind dokumentiert sowie nachweislich mit dem Servicenehmer vereinbart und klar kommuniziert.	100 Punkte

Kriterium 122	7.2.7	Die Kriterien sowie der Berechtigte zur Aus- und Auflösung eines Notfalls sind mit dem Servicenehmer vereinbart.
Ziel:		Die Kriterien für die Feststellung eines Notfalls sind festgelegt. Der Berechtigte zur Aus- sowie Auflösung eines Notfalls ist mit dem Servicenehmer vereinbart. Der Berechtigte ist eingewiesen und dem Servicenehmer sowie dem Servicegeber kommuniziert worden.
Messgröße:		EN_A = mit dem Servicenehmer vereinbarte Kriterien sowie ein Berechtigter zur Aus- und Auflösung eines Notfalls
Messverfahren:		Die Messgröße EN_A wird ermittelt, indem eine Dokumentenprüfung durchgeführt wird.
Hilfsmittel:		Dokumentierte Kriterien für die Aus- und Auflösung des Notfalls, dokumentierter und namentlich benannter Berechtigter, ITSC-Plan, schriftliche Vereinbarung zwischen Servicenehmer und Servicegeber (z. B. Mailverkehr, unterschriebene Dokumente)
Bewertung		
		___ Punkte

Abschätzung und Bewertung des Erfüllungsgrades

O	Kriterien zur Aus- und Auflösung eines Notfalls sowie der Berechtigte sind nicht dokumentiert.	0 Punkte
O		25 Punkte
O	Kriterien zur Aus- und Auflösung eines Notfalls sowie der Berechtigte sind nachweislich dokumentiert.	50 Punkte
O		75 Punkte
O	Kriterien zur Aus- und Auflösung eines Notfalls sind nachweislich dokumentiert und vereinbart. Der Berechtigte ist namentlich benannt, eingewiesen und kommuniziert worden.	100 Punkte

Anwendungsfelder und Ausblick

Ob es um die Bewertung von Angeboten oder um die Durchführung eines unternehmensinternen Self-Assessments geht, das Bewertungsmodell für IT-Servicequalität bzw. der Kriterienkatalog lassen sich für eine ganze Reihe unterschiedlicher Anwendungsmöglichkeiten nutzen, auch außerhalb der IT.

> **In diesem Beitrag erfahren Sie:**
> - welche Anwendungsbereiche sich für das Bewertungsmodell für IT-Servicequalität anbieten,
> - in welchen Feldern, auch außerhalb der IT, der Einsatz des Modells bzw. des Kriterienkatalogs noch denkbar ist.

HELGE DOHLE, CHRISTIAN LASCH, INGO WIEDERMANN, PATRICK WILD

Vielseitige Einsatzmöglichkeiten

Das Bewertungsmodell für IT-Servicequalität und sein Kriterienkatalog haben vielfältige Anwendungsfelder (siehe Abb. 14). Diese werden im folgenden Abschnitt näher beschrieben.

Self-Assessment

Der Kriterienkatalog kann unternehmensintern für ein Self-Assessment eingesetzt werden. Aufgrund seines modularen Aufbaus ist es möglich, auch nur Teilbereiche der Serviceerbringung einem Self-Assessment zu unterziehen.

Der Kriterienkatalog ist so aufgebaut, dass aus dem Ergebnis eines Self-Assessments und den von der Unternehmensleitung festgelegten Zielwerten ein Projektplan hervorgeht, der die Entwicklung des Unter-

Anwendungsfelder und Ausblick

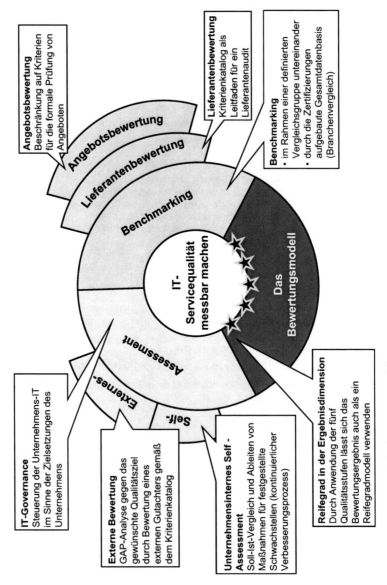

Abb. 14: *Anwendungsfelder des Bewertungsmodells*

nehmens in die gewünschte Richtung beschreibt und somit als Unterstützung für einen kontinuierlichen Verbesserungsprozess dient.

Für den Verbesserungsprozess lassen sich dedizierte Soll-Profile vorgeben (vgl. Tabelle 5), um ausgehend von der Soll-Ist-Situation eines Bewertungskriteriums entsprechende Verbesserungsmaßnahmen abzuleiten und einen Entwicklungspfad aufzuzeigen, beginnend von einem Anfangsstadium in Stufe 1 bis hin zur logischen bzw. gewünschten Reife.

Tabelle 5: Soll-Profil (*) und Ist-Profil (+) im Vergleich					
Kategorien der Bewertungskriterien	Qualitätsstufe 5	Stufe 4	Stufe 3	Stufe 2	Stufe 1
1. Thematische und formale Anforderungen an Angebote		*	+		
2. Vertrag/Vereinbarung	+	*			
3. Mitarbeiter		*	+		
4. Nachhaltigkeit/Sicherheit		*	+		
5. Leistungserbringung		*+			
6. Kommunikation zwischen Servicegeber und Servicenehmer		*+			
7. Notfallmanagement	+	*			

Wie sich in der Praxis gezeigt hat, ist der Aufwand für ein solches Self-Assessment auch für kleine und mittlere Unternehmen überschaubar und liegt im Wesentlichen in der Vorbereitung.

Externes Assessment

Ein externes Assessment kann ein Anwendungsfall für einen Servicegeber sein, der im Rahmen einer Delta-Analyse gegen den Kriterienkatalog die erreichten oder noch vorzunehmenden Verbesserungen in einer unabhängigen Überprüfung ermitteln möchte. Im Ergebnis erhält er eine Schwachstellen-Analyse, aus der sich bei Bedarf ein Projektplan ableiten lässt.

Die Aufwände für ein externes Assessment ergeben sich durch die vorliegenden Kundeninformationen und werden in der Hauptsache von folgenden Faktoren beeinflusst:
⇨ Anzahl der IT-Services und der beteiligten IT-Mitarbeiter,
⇨ Komplexität der IT-Services,
⇨ Vollständigkeit der Dokumentation,
⇨ Menge und Lage der Standorte, die an der Erbringung der IT-Services beteiligt sind.

Es ist vorgesehen, dass das im Rahmen eines Assessments begutachtete Unternehmen zukünftig ein Testat des *it*SMF Deutschland erhält.

Benchmarking

Zur längerfristigen Bestimmung und Ausrichtung zukünftiger Schlüsselbereiche kann der Kriterienkatalog die Grundlage für ein Benchmarking sein. Der Vorteil des Benchmarkings liegt in der objektiven Betrachtung von Unterschieden in der Ergebnisqualität, beschrieben durch die einzelnen Kriterien des Kriterienkatalogs. Das Management kann damit langfristige Entwicklungen erkennen und rechtzeitig reagieren.

Lieferanten- und Angebotsbewertung

Die Lieferantenbewertung ist ein weiteres Anwendungsfeld. Der Kriterienkatalog kann die Auswahlkriterien zur Lieferantenauswahl oder im Rahmen einer Ausschreibung eine Grundlage zur formalen Prüfung von Angeboten bilden und somit das Risiko einer Fehlentscheidung minimieren helfen.

Für Servicenehmer würde sich damit die Auswahlsicherheit erhöhen, indem sie zukünftig das Risiko ungenügender Ergebnisqualität reduzieren und von der Auftragsvergabe an diesbezüglich nicht überzeugende Servicegeber absehen.

Reifegradmodell für Ergebnisqualität bei IT-Services

Die 5 Qualitätsstufen des Bewertungsmodells mit ihren Bestandteilen lassen sich auch als Reifegradmodell verstehen. Eine ganze Organisation oder auch nur eine Abteilung kann – über die stufenweise Annäherung an die Kriterien der einzelnen Ebenen – seine IT-Servicequalität schrittweise verbessern.

Dazu ist es allerdings notwendig, dass alle Kriterien mit mindestens dem jeweiligen Reifegrad bewertet wurden, damit dieser erreicht werden kann.

Ausblick

Aus der Arbeit des Arbeitskreises haben sich einige weitere Anwendungsmöglichkeiten ergeben. Diese werden im Folgenden kurz angerissen und sollen zur weiteren Beschäftigung mit diesem Thema anregen und ermuntern.

Nachhaltigkeit und Weiterentwicklung

Durch die Anwendung des Kriterienkatalogs im Rahmen eines kontinuierlichen Verbesserungsprozesses wird eine kontinuierliche Weiterentwicklung und Verbesserung der IT-Servicequalität beim Servicegeber unterstützt.

Ergebnisqualität bei der Gestaltung von SLAs berücksichtigen

Bei der Gestaltung von IT-Dienstleistungen definiert sich die durch den Servicenehmer empfundene Gesamtleistung aus der Verrichtung (dem Prozess) und dem Ergebnis. Hierbei ist entscheidend, dass sowohl der Prozess als auch das Ergebnis die Gesamtqualität der Dienstleistung in gleichem Maße beeinflussen.

Die Ergebnisqualität sollte bei der Gestaltung von SLAs stärker berücksichtigt werden. Hierzu bieten sich einzelne Kriterien des Katalogs als ergänzende Messpunkte eines regulären SLA an und ermöglichen eine mehr kundenorientierte Steuerung der Prozessleistung.

Instrument zur Bewertung von Kundenerwartungen

Mithilfe des Kriterienkataloges können regelmäßige Messungen der Kundenzufriedenheit durchgeführt werden. Hierzu wurden bereits exemplarisch 10 Kriterien mit dem Hinweis Kundenzufriedenheitsbefragung im Kriterienkatalog markiert.

itSMF als Plattform zur Weiterentwicklung des Bewertungsmodell

Eine Realisierung von IT-Servicequalität, die nachhaltig wirkt, ist dem itSMF ein besonderes Anliegen. Insofern ist das itSMF auch an der Weiterentwicklung des Bewertungsmodells interessiert und nimmt Feedback sowie Erfahrungsberichte und Wünsche gerne entgegen, z. B. über die zentralen Kontaktinformationen unter www.itsmf.de.

Nutzbarkeit für weitere Dienstleistungsbereiche

Des Weiteren kann der Kriterienkatalog auch über die IT hinaus für andere Dienstleistungsbereiche nützliche Impulse liefern, um Kundenzufriedenheit bzw. den Erfüllungsgrad der Leistungserbringung aus Sicht des Kunden messen zu können. Sicherlich müsste der Kriterienkatalog hierzu noch angepasst bzw. weniger IT-spezifisch ausgerichtet werden. Der Kriterienkatalog ist damit prinzipiell gut geeignet, um als Grundlage für Serviceorientierung auch in anderen Dienstleistungsbereichen Anwendung zu finden.

Schlussbemerkung

Werden die Serviceversprechen eingehalten (objektive Messung) und nimmt der Kunde das auch wahr (subjektive Kundensicht)?

Mit der Vorstellung eines Bewertungsmodells für IT-Servicequalität glauben die Autoren dieses Buches, einen Ansatz aufgezeigt zu haben, der Servicenehmer wie auch Servicegeber bei der Beantwortung dieser Frage unterstützt. In diesem Sinne hoffen wir, nützliche Impulse geliefert zu haben, wie Kundenzufriedenheit bzw. der Erfüllungsgrad von IT-Services gemessen werden kann, und freuen uns über Anregungen zur Verbesserung und Weiterentwicklung.

Abbildungs- und Tabellenverzeichnis

Abbildung 1: Ausrichtung von IT-Services am Markt 10
Abbildung 2: Referenzmodelle im Kontext von Prozessgestaltung, -anforderung und verbesserung 15
Abbildung 3: Einordnung des Bewertungsmodells 16
Abbildung 4: Marktumfrage – Gewünschter Typ und Umfang der Zertifizierung 18
Abbildung 5: Marktumfrage – Zertifizierungsaspekte 19
Abbildung 6: Nutzeneffekte der Anwendung des Bewertungsmodells 28
Abbildung 7: Das Logo des Bewertungsmodells mit Beschriftung seiner Bestandteile 29
Abbildung 8: Ebenen der 3D-PQ-Methode 32
Abbildung 9: Entwicklung des Kriterienkatalogs 33
Abbildung 10: Kriterienmatrix aus Qualitätsdimensionen, -merkmalen und ITIL-Prozesse 47
Abbildung 11: Zeitpunkt der Beurteilbarkeit 49
Abbildung 12: Portfolio Wichtigkeit – Erhebungsaufwand 50
Abbildung 13: Verteilung der Kriterien auf die Dimensionen des Qualitätsmodells 52
Abbildung 14: Anwendungsfelder des Bewertungsmodells 178

Tabelle 1: Referenzmodelle im Bereich IT-Service-Management 14
Tabelle 2: Qualitätsmodelle und ihre wesentlichen Merkmale 35
Tabelle 3: Qualitätsdimensionen des SERVQUAL-Modells und ihre Anpassung 38
Tabelle 4: Qualitätsdimensionen und -merkmale für die Phasen Angebots- und Leistungserbringung 40
Tabelle 5: Soll-Profil (*) und Ist-Profil (+) im Vergleich 179

Glossar

Ablauf-organisation	Ablauf des betrieblichen Geschehens, der Vollzug, die Ausübung oder Erfüllung von Funktionen, derentwegen Bestände geschaffen wurden. Im Vordergrund steht der Prozess der Nutzung von in der Aufbauorganisation geschaffenen Potenzialen. (Quelle: www.unister.de)
Abweichung	Unterschied zwischen dem gewünschten und dem vorherrschenden Zustand einer Einheit.
Anfrage	Übermittlung eines Bedürfnisses oder einer Forderung.
Angebot	Entsprechend der Forderung des Kunden festgelegte Kombination von Produkten. Anmerkung: Erste Willenserklärung, die bei entsprechend entgegengesetzter zweiter Willenserklärung der anderen Seite zum Abschluss des Vertrages führt (s. BGB § 145).
Ansprechpartner	Für die Kommunikation mit dem Servicenehmer bestimmte Personen des Servicegebers aus dem Kreis des Kontaktpersonals.
Ausrüstungen	Gegenstände eines Unternehmens, evtl. Betriebsmittel.
Bedürfnis	Notwendigkeit oder Wunsch, eine Abweichung zu beseitigen.
Datenschutzbestimmung	Normierte Regeln, die die Sammlung, die Verwertung, die Speicherung und die Übermittlung von Daten betreffen, welche eine bestimmte oder bestimmbare Person beschreiben oder Rückschlüsse auf deren Verhalten zulassen. Gleiches gilt für eine Mehrzahl von Personen.
Datensicherheit	Bewahrung von Daten vor Beeinträchtigung.
Dienstleistung	Ergebnisse mindestens einer Tätigkeit, die notwendigerweise an der Schnittstelle zwischen dem Lieferanten und dem Kunden ausgeführt wird und üblicherweise immateriell ist, zur Erfüllung der Kundenerfordernisse. (Quelle: DIN EN ISO 9000)
Einrichtungen	Gebäude, Grundstücke inkl. der jeweils zugehörigen Infrastruktur.
Forderung	Erfordernis oder Erwartung, das oder die festgelegt, üblicherweise vorausgesetzt oder verpflichtend ist (englisch: requirement). Anmerkung: Hier ist nicht die juristische Forderung beschrieben! (Quelle: Leonhard, K.-W.; Naumann, P.: Managementsysteme – Begriffe, DGQ-Band 11-04, 7. Auflage, Berlin: Beuth, 2002)

Glossar

Kontaktpersonal	Alle Mitarbeiter des Servicegebers, die mit einem Servicenehmer in Kontakt stehen können.
Kunde	Organisation oder Person, die ein Produkt empfängt. (Quelle: Leonhard/Naumann)
Kundendaten	Angaben über Kunden und Daten des Kunden.
Kundenorientierung	Eine Strategie mit dem Ziel, durch entsprechende Prozesse und entsprechende Unternehmenskultur die Fähigkeit zu entwickeln, die Erwartungen der Kunden zu erfüllen. (Quelle: nach www.net-lexikon.de)
Lieferant	Organisation oder Person, die ein Produkt bereitstellt. (Quelle: Leonhard/Naumann)
Machbarkeit	Die Forderung steht im Einklang mit den wissenschaftlichen Erkenntnissen des jeweiligen Fachgebiets (technische Machbarkeit).
	Anmerkung: Im erweiterten Sinn bedeutet Machbarkeit auch die wirtschaftliche Machbarkeit, d. h. sowohl das Vorhandensein ausreichender Finanzmittel als auch die berechtigte Aussicht auf Ertrag. Schließlich kann Machbarkeit auch im Sinne von Durchführbarkeit verwendet werden, d. h., dass auch die Rahmenbedingungen (z. B. vorhandene Kapazitäten, gesetzliche Bedingungen) dem Vorhaben nicht entgegenstehen. (Quelle: www.projektmanagement-glossar.de)
Management	Aufeinander abgestimmte Tätigkeiten zum Leiten und Lenken einer Organisation. (Quelle: Leonhard/Naumann)
Merkmal	Eigenschaft zum Erkennen oder Unterscheiden von Einheiten.
	Anmerkung: Merkmale können inhärent oder zugeordnet sein. (Quelle: Leonhard/Naumann)
Mitarbeiterprofil	Darstellung der Fähigkeiten, Fertigkeiten und Kenntnisse der Mitarbeiter einerseits durch Formalqualifikation (Abschlüsse, Zertifikate), andererseits durch Erfahrungen (bisherige Tätigkeiten oder Projekterfahrung) sowie persönliche Merkmale.
Nachhaltigkeit	Sicherung der dauerhaften und kontinuierlichen Leistungserbringung.
Organisation	Gemeint ist die Aufbauorganisation, welche die in der Informationstechnologie (IT) anfallenden Arbeiten in organisatorische Einheiten strukturiert, von den IT-Stellen (kleinste organisatorische Einheit) bis zu den IT-Abteilungen (Zusammenfassung mehrerer IT-Stellen).
Personenunabhängigkeit	Von einer spezifischen Person unabhängige Leistungserbringung in jeweils gleicher Qualität.

Glossar

Produkt	Ergebnis eines Prozesses. Kategorien: Dienstleistung, Software, Hardware und verfahrenstechnisches Ergebnis. (Quelle: Leonhard/Naumann)
Prozess	Gesamtheit der Tätigkeiten, die sich gegenseitig bedingen oder beeinflussen und unter Verwendung von Ressourcen Eingaben in Ergebnisse umwandeln. (Quelle: Leonhard/Naumann)
Qualität	Mit Qualität wird allgemein die Erfüllung der vom Kunden geforderten Eigenschaften eines Produkts bezeichnet, im Kontext dieses Buches als Prozessergebnis bezeichnet.
Qualitätsmanagement	Beinhaltet alle Maßnahmen und Tätigkeiten zur Umsetzung der Qualitätspolitik in einem Unternehmen mit Instrumenten wie der Qualitätsplanung, Qualitätslenkung, Qualitätssicherung und Qualitätsverbesserung.
Qualitätsmanagementsystem	Managementsystem zum Leiten und Lenken einer Organisation bezüglich der Qualität. Anmerkung: Das QM-System dient primär der Sicherung von beherrschten Prozessen und nicht einer Steigerung des Wertes von Produkten und Dienstleistungen. (Quelle: Leonhard/Naumann)
Qualitätsmerkmal	Inhärentes Merkmal eines Produkts, Prozesses oder Systems, das sich auf eine Forderung bezieht. (Quelle: Leonhard/Naumann)
Reaktionszeit	Zeitspanne vom Starten einer Anfrage durch den Servicenehmer bis zur Bestätigung ihrer Annahme durch den Servicegeber.
Service	Synonym für Dienstleistung.
Servicegeber	Synonym für Lieferant.
Servicekatalog	Verzeichnis von Produkten, die vom Lieferanten potenziellen Kunden angeboten werden. Anmerkung: Der Servicekatalog bildet eine »invitatio ad offerandum« – eine Aufforderung zur Abgabe eines Angebots.
Servicekultur	Gesamtheit aller entwickelten Verhaltensmuster eines Unternehmens, die sich im Wissenssystem, in den Werten, den Regeln und den alltäglichen Abläufen widerspiegeln und die Orientierung auf die Dienstleistung beinhalten.
Servicenehmer	Synonym für Kunde.

189

Glossar

Verfügbarkeit	Fähigkeit einer Einheit, zu einem gegebenen Zeitpunkt oder während eines gegebenen Zeitintervalls eine geforderte Funktion unter gegebenen Bedingungen erfüllen zu können. (Quelle: Leonhard/Naumann)
Weiterleitungszeit	Zeitspanne vom Ende der Reaktionszeit bis zur Bestätigung der Annahme durch die richtige Bearbeitungsinstanz des Servicegebers.

Mitglieder des Arbeitskreises

Reiner Andres, DEKRA SE, Abt. HE32, Hauptverwaltung Stuttgart
Hartmut Bewernick, DB Systel GmbH
Ralf Buchsein, KESS DV-Beratung GmbH
Dr. Mahamadou Diagayété, On Tour for IT Service Quality
Helge Dohle, Capgemini Deutschland
Dr. Armin Hampel, Hewlett-Packard GmbH
Roland Klausnitzer
Christian Lasch, PwC
Hans-Jürgen Passlack
Claus-P. Praeg, Fraunhofer IAO
Jürgen Rühling
Dr. Nora Rühmann
Thomas Ruhmann, Geyer & Weinig EDV-Unternehmensberatung
Werner Schäfer, Projektstatt
Ulrich Schnabel, Fraunhofer IAO
Volker Wagner
Markus Werckmeister, WMC Werckmeister Management Consulting
Ingo Wiedermann, Dell GmbH
Patrick Wild, PwC

Anhang

Verzeichnis der Kriterien: numerisch sortiert

1 Thematische und formale Anforderungen an Angebote

1.1 Leistungsbeschreibungen

Kriterium 001: Im Angebot ist eine angebotsspezifische Leistungsbeschreibung enthalten. 56

Kriterium 002: Die Preisliste des Servicegebers gibt das Preisniveau der Angebote wieder. 57

Kriterium 003: Die Preisbildung innerhalb des Angebotes ist nachvollziehbar. 58

Kriterium 004: Innerhalb des Angebotes werden die von ITIL geforderten Inhalte eines SLA (Service Level Agreement) eingehalten. 59

Kriterium 005: Im Angebot liegen keine mitarbeitergebundenen Definitionen von Serviceleistungen vor. 60

1.2 Weitere Angebotsinhalte

Kriterium 006: Im Angebot ist ein Management Summary enthalten. 61

Kriterium 007: Im Angebot ist eine Darstellung des Servicegebers enthalten. 62

Kriterium 008: Im Angebot ist eine servicenehmergerechte Situationsbeschreibung enthalten 63

Kriterium 009: Im Angebot wird der Servicenehmer durch den Servicegeber auf Risiken hingewiesen. 64

Kriterium 010: Im Angebot wird der Servicenehmer durch den Servicegeber auf Voraussetzungen und Rahmenbedingungen des Angebotes hingewiesen. 65

Kriterium 011: Im Angebot wird dargelegt, wie mit den Daten des Servicenehmers umgegangen wird. 66

Kriterium 012: Im Angebot ist eine Gültigkeitsfrist enthalten 67

Kriterium 013: Wenn in Ausschreibungen Referenzen erbeten werden, dann sind diese im Angebot enthalten. 68

Kriterium 014: Im Angebot aufgrund von Ausschreibungen sind Informationen über Mitarbeiterqualifikationen enthalten 69

1.3 Referenzen

Kriterium 015: Der in den Referenzen angegebene Servicenehmer passt zur angebotenen Leistung und zur Branche des anfragenden Servicenehmers. ...70

Kriterium 016: Zu dem Angebot sind Empfehlungsschreiben und/oder Success Stories kurzfristig verfügbar. ...71

Kriterium 017: Es können langfristige Beziehungen zu der Gesamtheit der Referenz-Servicenehmer nachgewiesen werden. ...72

1.4 Verständlichkeit des Angebotes

Kriterium 018: Innerhalb des Angebotes liegt eine einheitliche Terminologie vor. ...73

Kriterium 019: Abkürzungen werden nur nach vorheriger Erklärung und mit vorhandenem Abkürzungsverzeichnis verwendet. ...74

Kriterium 020: Im Angebot ist ein angebotsrelevantes Glossar enthalten. ...75

Kriterium 021: Alle Belege und Dokumente innerhalb des Angebotes sind sprachlich korrekt. ...76

Kriterium 022: Die im Angebot/Angebotsprozess verwendeten Informationsmedien sind aktuell. ...77

2 Vertrag/Vereinbarung

2.1 Allgemeines

Kriterium 023: Der Servicegeber erbringt seine Leistungen vereinbarungsgemäß. ...78

Kriterium 024: Die Einhaltung der Vereinbarungen bezüglich Zeit, Qualität, Budget bei Changes/Projekten durch den Servicegeber können nachgewiesen werden. ...79

Kriterium 025: Geplante Preisänderungen werden kenntlich gemacht und der Servicenehmer wird rechtzeitig informiert. ...80

2.2 SLA

Kriterium 026: Es gibt einen Service-Katalog, in dem alle in den SLA verwendeten Services hinterlegt sind. ...81

Kriterium 027: Im Service-Katalog und SLA existieren beschriebene, nachweisbare Leistungen hinsichtlich Security. ...82

Kriterium 028: Wenn Anforderungen an das Continuity Management erwartet werden, dann sind diese Bestandteil der SLA. ...83

Anhang

Kriterium 029:	Jeder Service Level ist eindeutig messbar und wird aufgezeichnet.	84
Kriterium 030:	Die Ursachen für nicht eingehaltene Service Level werden ermittelt und geeignete Maßnahmen ergriffen.	85

3 Mitarbeiter

3.1 Allgemeines

Kriterium 031:	Die Mitarbeiterprofile des Servicegebers enthalten Erfahrungen des Mitarbeiters in Bezug auf Branchen und Aufgaben.	86
Kriterium 032:	Mitarbeiterfluktuation	87
Kriterium 033:	Die Mitarbeiterprofile von einbezogenen Dritten können dargestellt werden.	88
Kriterium 034:	Die Mitarbeiter des Servicegebers sind über die Datenschutz- und Verschwiegenheitsvereinbarungen informiert.	89

3.2 Qualifikation der Mitarbeiter

Kriterium 035:	Sorgfalt des Servicegebers bei der Personalakquisition bezüglich der Vertrauenswürdigkeit.	90
Kriterium 036:	Der Wechsel von Mitarbeitern wirkt sich nicht negativ auf das Niveau der Serviceerbringung aus.	91
Kriterium 037:	Schulungen auf der Basis von Schulungsplänen, die aktuelle und relevante Entwicklungen berücksichtigen, werden regelmäßig durchgeführt.	92
Kriterium 038:	Die Mitarbeiter des Servicegebers verfügen über leistungsspezifische, qualifizierte Zertifikate.	93
Kriterium 039:	Das Kontaktpersonal des Servicegebers wird zum Thema Sozialkompetenz geschult.	94
Kriterium 040:	Mitarbeiter sind in K-Fall-Übungen geschult.	95
Kriterium 041:	Alle betroffenen Mitarbeiter werden vor der Durchführung von Rollouts geschult und sind in das Release-Management eingebunden.	96
Kriterium 042:	Die Projektmitarbeiter des Servicegebers verfügen über Kenntnisse einer professionellen Projektmanagement-Methodik.	97

Anhang

4 Nachhaltigkeit/Sicherheit

4.1 Allgemeines

Kriterium 043:	Die Informationssicherheit beim Servicegeber kann nachgewiesen werden.	98
Kriterium 044:	Der Servicegeber nimmt regelmäßig Risikoanalysen im Hinblick auf IT-Services vor.	99

4.2 Organisatorische Zuverlässigkeit

Kriterium 045:	Es existiert ein Prozessmanagement für die Angebotserstellung.	100
Kriterium 046:	Es existiert ein Prozessmanagement für die Leistungserbringung.	101
Kriterium 047:	Der Servicegeber verfügt über ein nachweislich wirksames Managementsystem.	102
Kriterium 048:	Business Excellence (TQM) ist als Philosophie und Methode beim Servicegeber systematisch implementiert.	103
Kriterium 049:	Die Servicekultur/das Serviceleitbild ist dokumentiert und den Mitarbeitern des Servicegebers nachweislich kommuniziert.	104
Kriterium 050:	Der Servicegeber holt systematisch Kundenfeedbacks ein.	105

4.3 Eskalation

Kriterium 051:	Es existiert ein klar definierter, dokumentierter und mit dem Servicenehmer abgestimmter Eskalationsprozess.	106

4.4 Sicherheit in der Leistungserbringung

Kriterium 052:	Die Security Policies werden vom Servicegeber eingehalten.	107
Kriterium 053:	Es finden regelmäßig Security-Audits statt.	108
Kriterium 054:	Der Servicegeber stellt dem Servicenehmer Hinweise zur Daten- und Informationssicherheit zur Verfügung.	109
Kriterium 055:	Ein Security-Manager und ein Datenschutzbeauftragter sind beim Servicegeber benannt (Rolle und Person).	110

Kriterium 056:	Verfolgung, Behebung und Verbesserung im Falle von Sicherheitsvorfällen, in Tests nachgewiesene Mängel werden dokumentiert.	111
Kriterium 057:	Bei Sicherheitsvorfällen wird eine Ursachenanalyse durchgeführt und notwendige Verbesserungsmaßnahmen werden ergriffen.	112

4.5 Capacity-Planung

Kriterium 058:	Das Capacity Management führt eine an den geschäftlichen Belangen des Servicenehmers ausgerichtete Kapazitätsplanung durch.	113
Kriterium 059:	Existierende Kapazitätspläne, die die Gesamtheit aller SLA-Anforderungen berücksichtigen.	114

4.6 Availibility-Planung

Kriterium 060:	Existierende Availability-Pläne basieren auf den Anforderungen der SLA.	115
Kriterium 061:	Veränderungen der SLA werden im Availability-Plan berücksichtigt.	116

5 Leistungserbringung

5.1 Allgemeines

Kriterium 062:	Zeitnahe Identifikation und erfolgreiche Bearbeitung von Problemen und Known Errors.	117
Kriterium 063:	Vereinbarte Termine werden eingehalten.	118
Kriterium 064:	Es existieren Verhaltensregeln für die Zusammenarbeit mit dem Servicenehmer.	119
Kriterium 065:	Der Servicegeber ist flexibel in Bezug auf die Serviceerbringung bei vom Servicenehmer gewünschten individuellen Anforderungen.	120

5.2 Changes

Kriterium 066:	Es existiert ein mit dem Servicenehmer abgestimmtes Verfahren für den Umgang mit Änderungsanforderungen.	121
Kriterium 067:	Der Servicegeber verfügt über Methoden, die den Geschäftsbetrieb bei und nach der Implementierung von Changes nicht beeinträchtigen.	122

5.3 Releases

Kriterium 068:	Dem Servicenehmer werden Pläne zur Verfügung gestellt, aus denen ersichtlich wird, in welchem Rahmen und zu welchem Zeitpunkt seine Ressourcen benötigt werden.	123
Kriterium 069:	Releases werden unter Einbeziehung der Anwender getestet und abgenommen (User Acceptance Test).	124
Kriterium 070:	Für das Release-Rollout gibt es einen Ansprechpartner beim Servicegeber, der überwacht und steuert.	125
Kriterium 071:	Die Dokumentation zu neuen Releases wird dem Servicenehmer zur Verfügung gestellt.	126
Kriterium 072:	Änderungen an Release-Plänen werden dem Servicenehmer mitgeteilt und mit diesem abgestimmt.	127

5.4 Leistungscontrolling/Reporting

Kriterium 073:	Die Verfügbarkeit wird serviceorientiert ermittelt.	128
Kriterium 074:	Der Servicegeber führt regelmäßig Lieferantenaudits bei seinen Servicegebern durch.	129
Kriterium 075:	Der Servicegeber ermöglicht flexible Auswertungen oder stellt bedarfsgerechte Auswertungen und Berichte zur Verfügung.	130
Kriterium 076:	Die Menge der Service-Level-Verletzungen sinkt oder alle Service Level werden eingehalten.	131
Kriterium 077:	Im Rahmen von Service Reviews werden neue Services und Veränderungen von Services standardmäßig besprochen.	132

5.5 Rechnungsstellungen

Kriterium 078:	Zusätzliche Kosten werden dem Servicenehmer vor Inanspruchnahme zusätzlicher Leistungen über das SLM mitgeteilt.	133
Kriterium 079:	Die Rechnungen und Kostenaufstellungen sind für den Servicenehmer in einheitlicher Struktur und einheitlichem Layout dargestellt und entsprechen den Anforderungen des Servicenehmers. Die Rechnungsschritte sind nachvollziehbar.	134
Kriterium 080:	Rechnungen und Belege sind vollständig, fehlerfrei und widerspruchsfrei (für jeden Service).	135
Kriterium 081:	Kundenzufriedenheit mit der Leistungsverrechnung und der Rechnungsstellung.	136

Anhang

5.6 Dokumentation

Kriterium 082:	Das Layout der Dokumentation ist einheitlich und medienneutral.	137
Kriterium 083:	Die Struktur der Dokumentation ist sichtbar und mit dem Servicenehmer abgesprochen.	138
Kriterium 084:	Begrifflichkeiten sind zwischen Servicenehmer und Servicegeber abgestimmt.	139
Kriterium 085:	Die Art der Informationsmedien wird mit dem Servicenehmer abgestimmt und konstant verwendet.	140
Kriterium 086:	Dokumente sind formal (Orthografie) richtig.	141
Kriterium 087:	Die Dokumentation ist revisionssicher.	142

6 Kommunikation zwischen Servicegeber und Servicenehmer

6.1 Erreichbarkeit

Kriterium 088:	Der Servicegeber kommuniziert festgelegte Ansprechpartner mit Zuständigkeiten.	143
Kriterium 089:	Der Servicegeber verfügt über eine Stellvertreterregelung.	144
Kriterium 090:	Der Servicegeber hat festgelegte Zeiten der Erreichbarkeit.	145

6.2 Information an den Servicenehmer

Kriterium 091:	Klärungszeiträume werden angegeben.	146
Kriterium 092:	Der Servicenehmer ist mit der Reaktionszeit zufrieden.	147
Kriterium 093:	Die Schnittstellen und zugehörigen Rollen zwischen Servicenehmer und Servicegeber sind definiert und dokumentiert.	148
Kriterium 094:	Personelle Änderungen gemäß der in den vertraglichen Vereinbarungen festgelegten Kommunikationspartner werden zeitnah vom Servicegeber an den Servicenehmer gemeldet.	149
Kriterium 095:	Beim Servicegeber ist ein Beschwerdemanagement vorhanden.	150
Kriterium 096:	Für den Servicenehmer geschäftsrelevante Veränderungen beim Servicegeber werden kommuniziert.	151

Anhang

Kriterium 097:	Bei schwerwiegenden Störungen und in Notfällen wird der Servicenehmer über die Gründe und geplanten Änderungen informiert.	152
Kriterium 098:	Für jeden Call ist ein Ticket zu eröffnen	153
Kriterium 099:	Die Ticket-Historie kann jederzeit reproduziert werden.	154
Kriterium 100:	Ticketlaufzeiten/Bearbeitungszeiten werden vollständig dokumentiert.	155
Kriterium 101:	Das Werkzeug für die Ticketbearbeitung liefert auch die relevanten Reports für das Service Level Management (SLM).	156
Kriterium 102:	Ein Mitarbeiter des Servicegebers übernimmt die Verantwortung für ein Ticket, bis dieses geschlossen wird.	157

6.3 Service Desk

Kriterium 103:	Der Mitarbeiter im Service Desk spricht die Sprache des Servicenehmers	158
Kriterium 104:	Die Mitarbeiter im Service Desk sind in der Lage, gemeinsam mit dem Anwender strukturiert den Incident zu spezifizieren.	159
Kriterium 105:	Es existiert ein definierter Prozess bei identifizierten sicherheitsrelevanten Vorgängen im Service Desk.	160
Kriterium 106:	Das Security Management gibt Kriterien zur Identifikation von sicherheitsrelevanten Vorgängen an den Service Desk regelmäßig weiter	161
Kriterium 107:	Der Service Desk kennt die relevanten Serviceparameter.	162

7 Notfallmanagement

7.1 Notfälle und Maßnahmenplanung beim Servicegeber

Kriterium 108:	Das Risikoinventar beim Servicegeber ist identifiziert und dokumentiert.	163
Kriterium 109:	Mögliche Störfaktoren/Bedrohungsszenarien, die die Verfügbarkeit/Einsatzfähigkeit der Servicegeber-Assets gefährden, sind identifiziert und bezüglich ihrer Eintrittswahrscheinlichkeit und Auswirkung bewertet.	164

Kriterium 110:	Maßnahmen zur Beherrschung der Risiken sind nachvollziehbar geplant, priorisiert und budgetiert.	165
Kriterium 111:	Maßnahmen werden laut Plan bearbeitet und auf Wirksamkeit überprüft.	165
Kriterium 112:	Restrisiken sind nachvollziehbar dargestellt und durch die oberste Leitung akzeptiert.	166
Kriterium 113:	Notfallvorsorge	167
Kriterium 114:	Notfallübungen	167
Kriterium 115:	Ergebnisse von tatsächlichen Notfällen werden zur Bestätigung bzw. Verbesserung des Notfallmanagements herangezogen.	168

7.2 Notfälle und Maßnahmenplanung beim Servicenehmer

Kriterium 116:	Es existiert eine Priorisierung in der Wiederherstellungsreihenfolge der Services basierend auf den Geschäftsprozessen des Servicenehmers.	169
Kriterium 117:	K-Fall-Übungen bzgl. ITSC-Plänen finden statt und lassen auf die Wirksamkeit der Pläne schließen.	170
Kriterium 118:	Die Termine für K-Fall-Übungen werden mit dem Servicenehmer vereinbart.	171
Kriterium 119:	Die ITSC-Pläne des Servicegebers sind mit den Business-Continuity-Plänen des Servicenehmers und Servicegebers abgestimmt.	172
Kriterium 120:	Der ITSC-Plan liegt beim Servicegeber sowohl in elektronischer Form als auch in Papierform vor.	173
Kriterium 121:	Mit dem Servicenehmer sind für den Notfall Kommunikationspartner/-medien vereinbart, dokumentiert und klar kommuniziert.	174
Kriterium 122:	Die Kriterien sowie der Berechtigte zur Aus- und Auflösung eines Notfalls sind mit dem Servicenehmer vereinbart.	175

Anhang

Verzeichnis der Kriterien: nach Stichworten sortiert

1 Thematische und formale Anforderungen an Angebote

Abkürzungen	Kriterium 019: (…) werden nur nach vorheriger Erklärung und mit vorhandenem Abkürzungsverzeichnis verwendet.	74
Belege	Kriterium 021: Alle (…) und Dokumente innerhalb des Angebotes sind sprachlich korrekt.	76
Beziehungen	Kriterium 017: Es können langfristige (…) zu der Gesamtheit der Referenz-Servicenehmer nachgewiesen werden.	72
Daten	Kriterium 011: Im Angebot wird dargelegt, wie mit den (…) des Servicenehmers umgegangen wird.	66
Empfehlungsschreiben	Kriterium 016: Zu dem Angebot sind (…) und/oder Success Stories kurzfristig verfügbar.	71
Glossar	Kriterium 020: Im Angebot ist ein angebotsrelevantes (..) enthalten.	75
Gültigkeitsfrist	Kriterium 012: Im Angebot ist eine (…) enthalten.	67
Informationsmedien	Kriterium 022: Die im Angebot/Angebotsprozess verwendeten (…) sind aktuell.	77
Leistungsbeschreibung	Kriterium 001: Im Angebot ist eine angebotsspezifische (…) enthalten	56
Management Summary	Kriterium 006: Im Angebot ist ein (…) enthalten.	61
Mitarbeiterqualifikationen	Kriterium 014: Im Angebot aufgrund von Ausschreibungen sind Informationen über (…) enthalten.	69
Preisbildung	Kriterium 003: Die (…) innerhalb des Angebotes ist nachvollziehbar.	58
Preisliste	Kriterium 002: Die (…) des Servicegebers gibt das Preisniveau der Angebote wieder.	57
Referenzen	Kriterium 013: Wenn in Ausschreibungen (…) erbeten werden, dann sind diese im Angebot enthalten.	68
	Kriterium 015: Der in den (…) angegebene Servicenehmer passt zur angebotenen Leistung und zur Branche des anfragenden Servicenehmers.	70
Risiken	Kriterium 009: Im Angebot wird der Servicenehmer durch den Servicegeber auf (…) hingewiesen.	64
Servicegeber	Kriterium 007: Im Angebot ist eine Darstellung des (…)s enthalten.	62

Anhang

Service-leistungen	Kriterium 005: Im Angebot liegen keine mitarbeitergebundenen Definitionen von (...) vor.	60
Service Level Agreement	Kriterium 004: Innerhalb des Angebotes werden die von ITIL geforderten Inhalte eines SLA (...) eingehalten.	59
Situations-beschreibung	Kriterium 008: Im Angebot ist eine servicenehmergerechte (...) enthalten.	63
Terminologie	Kriterium 018: Innerhalb des Angebotes liegt eine einheitliche (...) vor.	73
Voraussetzungen	Kriterium 010: Im Angebot wird der Servicenehmer durch den Servicegeber auf (...) und Rahmenbedingungen des Angebotes hingewiesen.	65

2 Vertrag/Vereinbarungen

Continuity Management	Kriterium 028: Wenn Anforderungen an das (...) erwartet werden, dann sind diese Bestandteil der SLA.	83
Einhaltung der Vereinbarungen	Kriterium 024: Die (...) bezüglich Zeit, Qualität, Budget bei Changes/Projekten durch den Servicegeber können nachgewiesen werden.	79
Preisänderungen	Kriterium 025: Geplante (...) werden kenntlich gemacht und der Servicenehmer wird rechtzeitig informiert.	80
Security	Kriterium 027: Im Service-Katalog und SLA existieren beschriebene, nachweisbare Leistungen hinsichtlich (...).	82
Service-Katalog	Kriterium 026: Es gibt einen (...), in dem alle in den SLA verwendeten Services hinterlegt sind.	81
Service Level	Kriterium 029: Jeder (...) ist eindeutig messbar sein und wird aufgezeichnet.	84
	Kriterium 030: Die Ursachen für nicht eingehaltene (...) werden ermittelt und geeignete Maßnahmen ergriffen.	85
Vereinbarungs-erfüllung	Kriterium 023: Der Servicegeber erbringt seine Leistungen vereinbarungsgemäß.	78

3 Mitarbeiter

Datenschutz	Kriterium 034: Die Mitarbeiter des Servicegebers sind über die (...)- und Verschwiegenheitsvereinbarungen informiert.	89
K-Fall-Übungen	Kriterium 040: Mitarbeiter sind in (...) geschult.	95

203

Mitarbeiter- fluktuation	Kriterium 032: (...)	87
Mitarbeiter- profile	Kriterium 031: Die (...) des Servicegebers enthalten Erfahrungen des Mitarbeiters in Bezug auf Branchen und Aufgaben.	86
	Kriterium 033: Die (...) von einbezogenen Dritten können dargestellt werden.	88
Personal- akquisition	Kriterium 035: Sorgfalt des Servicegebers bei der (...) bezüglich der Vertrauenswürdigkeit.	90
Projekt- management	Kriterium 042: Die Projektmitarbeiter des Servicegebers verfügen über Kenntnisse einer professionellen (...) -Methodik.	97
Release- Management	Kriterium 041: Alle betroffenen Mitarbeiter werden vor der Durchführung von Rollouts geschult und sind in das (...) eingebunden.	96
Schulungen	Kriterium 037: (...) auf der Basis von Schulungsplänen, die aktuelle und relevante Entwicklungen berücksichtigen, werden regelmäßig durchgeführt.	92
Sozialkompetenz	Kriterium 039: Das Kontaktpersonal des Servicegebers wird zum Thema (...) geschult.	94
Wechsel von Mitarbeitern	Kriterium 036: Der (...) wirkt sich nicht negativ auf das Niveau der Serviceerbringung aus.	91
Zertifikate	Kriterium 038: Die Mitarbeiter des Servicegebers verfügen über leistungsspezifische, qualifizierte (...).	93

4 Nachhaltigkeit/Sicherheit

Availability	Kriterium 060: Existierende (...)-Pläne basieren auf den Anforderungen der SLA.	115
	Kriterium 061: Veränderungen der SLA werden im (...)-Plan berücksichtigt.	116
Business Excellence	Kriterium 048: (...) (TQM) ist als Philosophie und Methode beim Servicegeber systematisch implementiert.	103
Capcity Management	Kriterium 058: Das (...) führt eine an den geschäftlichen Belangen des Servicenehmers ausgerichtete Kapazitätsplanung durch.	113
Daten- und Informations- sicherheit	Kriterium 054: Der Servicegeber stellt dem Servicenehmer Hinweise zur (...) zur Verfügung.	109

Eskalationsprozess	Kriterium 051: Es existiert ein klar definierter, dokumentierter und mit dem Servicenehmer abgestimmter (...).	106
Informationssicherheit	Kriterium 043: Die (...) beim Servicegeber kann nachgewiesen werden.	98
Managementsystem	Kriterium 047: Der Servicegeber verfügt über ein nachweislich wirksames (...).	102
Kapazitätspläne	Kriterium 059: Existierende (...), die die Gesamtheit aller SLA-Anforderungen berücksichtigen.	114
Kundenfeedbacks	Kriterium 050: Der Servicegeber holt systematisch (...) ein.	105
Prozessmanagement	Kriterium 045: Es existiert ein (...) für die Angebotserstellung.	100
	Kriterium 046: Es existiert ein (...) für die Leistungserbringung.	101
Risikoanalysen	Kriterium 044: Der Servicegeber nimmt regelmäßig (...) im Hinblick auf IT-Services vor.	99
Security-Audits	Kriterium 053: Es finden regelmäßig (...) statt.	108
Security-Manager	Kriterium 055: Ein (...) und ein Datenschutzbeauftragter sind beim Servicegeber benannt (Rolle und Person).	110
Security Policies	Kriterium 052: Die (...) werden vom Servicegeber eingehalten.	107
Serviceleitbild	Kriterium 049: Die Servicekultur/das (...) ist dokumentiert und den Mitarbeitern des Servicegebers nachweislich kommuniziert.	104
Sicherheitsvorfälle	Kriterium 056: Verfolgung, Behebung und Verbesserung im Falle von (...)n, in Tests nachgewiesene Mängel werden dokumentiert.	111
	Kriterium 057: Bei (...)n wird eine Ursachenanalyse durchgeführt und notwendige Verbesserungsmaßnahmen werden ergriffen.	112

5 Leistungserbringung

Änderungsanforderungen	Kriterium 066: Es existiert ein mit dem Servicenehmer abgestimmtes Verfahren für den Umgang mit (...).	121
Begrifflichkeiten	Kriterium 084: (...) sind zwischen Servicenehmer und Servicegeber abgestimmt.	139
Auswertung	Kriterium 075: Der Servicegeber ermöglicht flexible (...)en oder stellt bedarfsgerechte (...)en und Berichte zur Verfügung.	130

Changes	Kriterium 067: Der Servicegeber verfügt über Methoden, die den Geschäftsbetrieb bei und nach der Implementierung von (…) nicht beeinträchtigen.	…122
Dokumentation	Kriterium 071: Die (…) zu neuen Releases wird dem Servicenehmer zur Verfügung gestellt.	…126
	Kriterium 082: Das Layout der (…) ist einheitlich und medienneutral.	…137
	Kriterium 083: Die Struktur der (…) ist sichtbar und mit dem Servicenehmer abgesprochen.	…138
	Kriterium 087: Die (…) ist revisionssicher.	…142
Dokumente	Kriterium 086: (…) sind formal (Orthografie) richtig.	…141
Informationsmedien	Kriterium 085: Die Art der (…) wird mit dem Servicenehmer abgestimmt und konstant verwendet.	…140
Kosten	Kriterium 078: Zusätzliche (…) werden dem Servicenehmer vor Inanspruchnahme zusätzlicher Leistungen über das SLM mitgeteilt.	…133
Lieferantenaudit	Kriterium 074: Der Servicegeber führt regelmäßig (…)s bei seinen Servicegebern durch.	…129
Problem	Kriterium 062: Zeitnahe Identifikation und erfolgreiche Bearbeitung von (…)en und Known Errors.	…117
Rechnung	Kriterium 079: Die (…)en und Kostenaufstellungen sind für den Servicenehmer in einheitlicher Struktur und einheitlichem Layout dargestellt und entsprechen den Anforderungen des Servicenehmers. Die (…)sschritte sind nachvollziehbar.	…134
	Kriterium 080: (…)en und Belege sind vollständig, fehlerfrei und widerspruchsfrei (für jeden Service).	…135
	Kriterium 081: Kundenzufriedenheit mit der Leistungsverrechnung und der (…)sstellung.	…136
Release-Pläne	Kriterium 072: Änderungen an (…)n werden dem Servicenehmer mitgeteilt und mit diesem abgestimmt.	…127
Release-Rollout	Kriterium 070: Für das (…) gibt es einen Ansprechpartner beim Servicegeber, der überwacht und steuert.	…125
Ressourcen	Kriterium 068: Dem Servicenehmer werden Pläne zur Verfügung gestellt, aus denen ersichtlich wird, in welchem Rahmen und zu welchem Zeitpunkt seine (…) benötigt werden.	…123

Serviceerbringung Kriterium 065: Der Servicegeber ist flexibel in Bezug auf die (...) bei vom Servicenehmer gewünschten individuellen Anforderungen. 120

Service Level Kriterium 076: Die Menge der (...)-Verletzungen sinkt oder alle (...) werden eingehalten. 131

Service Reviews Kriterium 077: Im Rahmen von (...) werden neue Services und Veränderungen von Services standardmäßig besprochen. 132

Termine Kriterium 063: Vereinbarte (...) werden eingehalten. 118

User Acceptance Test Kriterium 069: Releases werden unter Einbeziehung der Anwender getestet und abgenommen (...). 124

Verfügbarkeit Kriterium 073: Die (...) wird serviceorientiert ermittelt. 128

Verhaltensregeln Kriterium 064: Es existieren (...) für die Zusammenarbeit mit dem Servicenehmer. 119

6 Kommunikation zwischen Servicegeber und Servicenehmer

Ansprechpartner Kriterium 088: Der Servicegeber kommuniziert festgelegte Ansprechpartner mit Zuständigkeiten. 143

Beschwerdemanagement Kriterium 095: Beim Servicegeber ist ein (...) vorhanden. 150

Erreichbarkeit Kriterium 090: Der Servicegeber hat festgelegte Zeiten der(...). 145

Klärungszeiträume Kriterium 091: (...) werden angegeben. 146

Personelle Änderungen Kriterium 094: (...) gemäß der in den vertraglichen Vereinbarungen festgelegten Kommunikationspartner werden zeitnah vom Servicegeber an den Servicenehmer gemeldet. 149

Reaktionszeit Kriterium 092: Der Servicenehmer ist mit der (...) zufrieden. 147

Schnittstellen Kriterium 093: Die (...) und zugehörigen Rollen zwischen Servicenehmer und Servicegeber sind definiert und dokumentiert. 148

Service Desk Kriterium 103: Der Mitarbeiter im (...) spricht die Sprache des Servicenehmers. 158

Kriterium 104: Die Mitarbeiter im (...) sind in der Lage, gemeinsam mit dem Anwender strukturiert den Incident zu spezifizieren. 159

207

Anhang

	Kriterium 105: Es existiert ein definierter Prozess bei identifizierten sicherheitsrelevanten Vorgängen im (…). 160
	Kriterium 106: Das Security Management gibt Kriterien zur Identifikation von sicherheitsrelevanten Vorgängen an den (…) regelmäßig weiter. 161
	Kriterium 107: Der (…) kennt die relevanten Serviceparameter. 162
Stellvertreter-regelung	Kriterium 089: Der Servicegeber verfügt über eine (…) 144
Störungen	Kriterium 097: Bei schwerwiegenden (…) und in Notfällen wird der Servicenehmer über die Gründe und geplanten Änderungen informiert. 152
Ticket	Kriterium 098: Für jeden Call ist ein zu eröffnen........ 153
	Kriterium 099: Die (…)-Historie kann jederzeit reproduziert werden. 154
	Kriterium 100: (…)laufzeiten/Bearbeitungszeiten werden vollständig dokumentiert............................... 155
	Kriterium 101: Das Werkzeug für die (…)bearbeitung liefert auch die relevanten Reports für das Service Level Management (SLM). 156
	Kriterium 102: Ein Mitarbeiter des Servicegebers übernimmt die Verantwortung für ein (…), bis dieses geschlossen wird. 157
Veränderungen	Kriterium 096: Für den Servicenehmer geschäftsrele-vante (…) beim Servicegeber werden kommuniziert....... 151

7 Notfallmanagement

Aus- und Auflösung eines Notfalls	Kriterium 122: Die Kriterien sowie der Berechtigte zur (…) sind mit dem Servicenehmer vereinbart. 175
Beherrschung der Risiken	Kriterium 110: Maßnahmen zur (…) sind nachvollziehbar geplant, priorisiert und budgetiert...... 165
ITSC-Plan	Kriterium 119: Die ITSC-Pläne des Servicegebers sind mit den Business-Continuity-Plänen des Servicenehmers und Servicegebers abgestimmt. 172
	Kriterium 120: Der (…) liegt beim Servicegeber sowohl in elektronischer Form als auch in Papierform vor. 173

K-Fall-Übungen	Kriterium 117: (...) bzgl. ITSC-Plänen finden statt und lassen auf die Wirksamkeit der Pläne schließen. 170
	Kriterium 118: Die Termine für (...) werden mit dem Servicenehmer vereinbart. 171
Kommunikationspartner	Kriterium 121: Mit dem Servicenehmer sind für den Notfall (...)/-medien vereinbart, dokumentiert und klar kommuniziert. 174
Maßnahmen	Kriterium 111: (...) werden laut Plan bearbeitet und auf Wirksamkeit überprüft. 165
Notfallvorsorge	Kriterium 113: (...). 167
Notfallübungen	Kriterium 114: (...). 167
Notfallmanagement	Kriterium 115: Ergebnisse von tatsächlichen Notfällenwerden zur Bestätigung bzw. Verbesserung des (...)s herangezogen. 168
Priorisierung	Kriterium 116: Es existiert eine (...) in der Wiederherstellungsreihenfolge der Services basierend auf den Geschäftsprozessen des Servicenehmers. 169
Restrisiken	Kriterium 112: (...) sind nachvollziehbar dargestellt und durch die oberste Leitung akzeptiert. 166
Risikoinventar	Kriterium 108: Das (...) beim Servicegeber ist identifiziert und dokumentiert. 163
Störfaktor	Kriterium 109: Mögliche (...)en/Bedrohungsszenarien, die die Verfügbarkeit/Einsatzfähigkeit der Servicegeber-Assets gefährden, sind identifiziert und bezüglich ihrer Eintrittswahrscheinlichkeit und Auswirkung bewertet. 164

CIO-Handbuch 2012/13
Best Practices für die neuen Herausforderungen des IT-Managements

Neue Technologien und organisatorische Umbrüche verändern die Geschäftswelt in einem bislang ungeahnten Tempo. Ein entscheidender Treiber dieser Entwicklung ist die IT.

Dies führt zu neuen Herausforderungen für CIOs und ihre Mitarbeiter. Themen wie Bring Your Own Device, Cloud Computing, Soziale Netzwerke oder Big Data sind Indizien für umwälzende Änderungen, von denen einige bereits deutlich sichtbar sind. Wer diese Trends verpasst, hinkt nicht nur hinterher, sondern schneidet sich selbst vom Wettbewerb ab.

Das Potenzial dieser Veränderungen ist enorm. Zugleich bringen sie aber auch enorme Herausforderungen für das IT-Management mit sich. Wie kann der CIO heute auf diese Entwicklungen Einfluss nehmen, ohne morgen davon zerrieben zu werden? Welche neuen Strategien und innovativen Managementansätze sind erforderlich, damit die IT und das Unternehmen gleichermaßen davon profitieren können?

Das CIO-Handbuch zeigt, mit welchen Themen IT-Leiter in den nächsten Jahren rechnen müssen. Anhand von 19 Best Practices beschreibt es, wie IT-Entscheider die erfolgskritischen Entwicklungen in der IT und im IT-Management bewältigen und deren Potenziale nutzbringend für das eigene Unternehmen heben können.

Das Buch behandelt dabei u.a. folgende Themen:
- Wie lässt sich die IT strategisch positionieren?
- Was sind Best Practices für Cloud-Computing, Mobile IT, Big Data und den War for Talents?
- Wie können CIOs optimal entscheiden und führen?
- Wie lassen sich IT-Projekte erfolgreich realisieren?
- Was sind die künftigen Bausteine für Informationssicherheit?
- Worin zeigen sich neue Ansätze für die Weiterentwicklung des IT-Managements?

Die Autoren dieses Buches sind allesamt ausgewiesene Experten aus Wissenschaft und Praxis. Neben sechs Hochschulprofessoren aus Deutschland und der Schweiz haben unter anderem fünf CIOs und acht Leitende Angestellte namhafter Unternehmen und IT-Beratungen, ein Rechtsanwalt für IT-Recht sowie ein CIO-Coach an diesem Buch mitgewirkt.

CIO-Handbuch 2012/13
Best Practices für die neuen Herausforderungen des IT-Managements
Hrsg.: Michael Lang
Hardcover, 404 Seiten mit zahlreichen Abbildungen
ISBN 978-3-86329-439-7
Preis 69,00 (incl. MwSt. und Versandkosten)
Symposion Publishing 2012

Bestellung per Fax:
02 11/8 66 93 23

Leseproben unter:
www.symposion.de

symposion

Praktisches Service-Level-Management
Basiswissen, Implementierung, Praxisbeispiele

Ohne IT läuft in Unternehmen gar nichts. Ein effektives Management von IT-Leistungen ist daher heute wichtiger denn je. Das Instrument, mit dem diese Aufgabe gelingt, heißt Service-Level-Management. In dieser Disziplin werden die vielfältigen Dienstleistungsbeziehungen zwischen Service-Geber und Service-Nehmer organisiert.

Die Fachautoren dieses Buchs zeigen, wie es möglich ist, in der Praxis belastbare Service-Level-Agreements zu entwickeln und zu managen. IT-Verantwortliche in den Unternehmen – aber auch externe IT-Berater – erhalten wertvolle Hinweise für die erfolgreiche Einführung oder Optimierung des Service-Level-Managements.

Zahlreiche Fallbeispiele geben Einblicke in das IT-Service-Management von Finanzdienstleistern, Flughafenbetreibern, Energiekonzernen etc. Praktische Hilfen (Kennzahlenübersicht, Tool-Auswahl) dienen der Umsetzung des Dienstleistungsgedankens sowohl in der internen als auch in der externen IT.

Das Buch richtet sich an: IT-Verantwortliche, Kaufleute, Juristen, Geschäftsführer von IT-Dienstleistern, Service-, Relationship- und Key-Account-Manager.

Praktisches Service-Level-Management
Basiswissen, Implementierung, Praxisbeispiele
Hrsg.: Hans-Peter Fröschle, Joachim Schrey
Hardcover, 284 Seiten mit zahlreichen Abbildungen
ISBN 978-3-939707-81-3
Preis 69,00 (incl. MwSt. und Versandkosten)
Symposion Publishing 2012

Bestellung per Fax: 0211/866 93 23

Leseproben unter:
www.symposion.de

symposion